I0568905

IMPARA IL GIAPPONESE

Hiragana Katakana y Kanji N5

MANUALE DI LINGUA PER PRINCIPIANTI

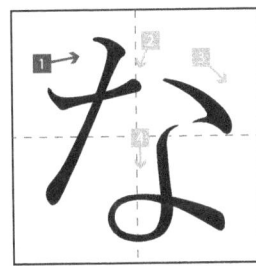 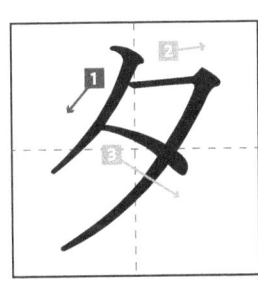 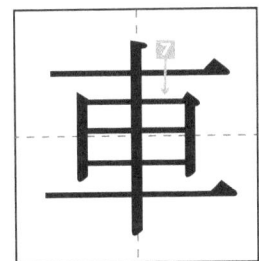

NUOVA EDIZIONE TRIPLA DEL WORKBOOK 3-IN-1

POLYSCHOLAR

www.polyscholar.com

CONTENUTI

Suggerimento: *Questo libro funziona al meglio con penne gel, matite, penne a sfera e supporti simili. Prestare attenzione ai pennarelli e all'inchiostro, poiché i supporti pesanti o bagnati possono far sbavare la carta o trasferirsi nelle pagine sottostanti. Ecco alcune caselle di prova per verificare quanto sono buone le tue penne:*

IMPARANDO IL GIAPPONESE

I primi passi per imparare a leggere, scrivere e parlare il Giapponese sono l'apprendimento di **Hiragana & Katakana**! Se inizi a vedere i grafici dei caratteri, l'apprendimento diventa presto un compito difficile, ma questo libro è stato progettato per rendere questo affronto più **facile** e **veloce**.

Inizieremo esaminando alcune informazioni di base per darti un'idea migliore su come funziona l'intero sistema linguistico. Quindi, dopo la nostra breve occhiata ai diversi "alfabeti" (sì, ce n'è più di uno!) continueremo direttamente a imparare il Kana!

COME USARE QUESTO LIBRO

Come con l'apprendimento di qualsiasi altra lingua, la ripetizione è uno dei modi più veloci per imparare. Questo libro di lavoro contiene pagine di istruzioni progettate con cura che ti insegneranno come scrivere ogni carattere, facendoti esercitare nella tua nuova conoscenza della calligrafia Giapponese:

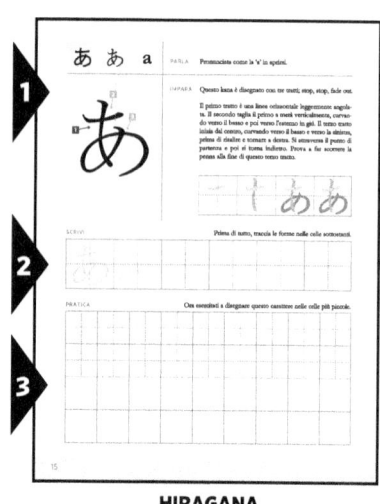

HIRAGANA

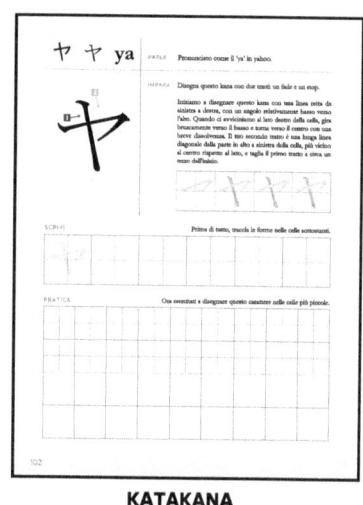

KATAKANA

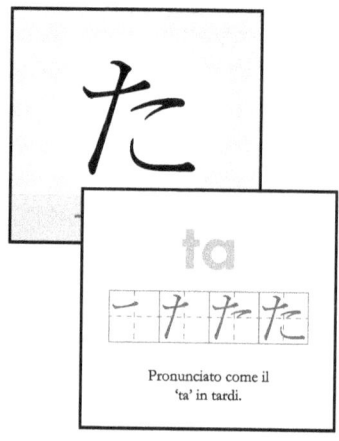

FLASH CARD

Verso la fine di questo libro di lavoro, troverai sezioni di griglie aggiuntive che puoi usare dopo aver imparato a scrivere un po' *(o anche tutto)* il Kana - queste pagine di griglie vengono tradizionalmente conosciute come Genkouyoushi *(o 原稿用紙 in Giapponese)* che il che significa "carta manoscritta".

La parte finale di questo libro di lavoro contiene una serie di pagine in stile flash card che possono essere fotocopiate o ritagliate. Le pagine sono un ottimo modo per aiutarti a memorizzare i simboli e mettere alla prova le tue conoscenze. *Gli allievi più giovani devono cercare l'aiuto di un adulto per ritagliare le pagine!*

SCRITTURE GIAPPONESI

Durante l'apprendimento, incontrerai quattro tipi di script diversi (o alfabeti). Anche se all'inizio potrebbe sembrare complicato, inizierà ad avere molto più senso in un attimo – specialmente dopo aver imparato già uno!

RŌMAJI ローマジ

Il quale significa 'caratteri romani', questa, in realtà è solo una rappresentazione della lingua Giapponese utilizzando caratteri Inglesi. Viene utilizzata solo per tradurre la lingua in una forma che i non Giapponesi possano comprendere. Non è comune nell'uso quotidiano.

Gli altri tre script, **Hiragana, Katakana, e Kanji** vengono usati sempre e sono tipicamente combinati per creare parole e frasi nella scrittura quotidiana Giapponese. Ogni script ha il suo scopo e insieme ci dicono il significato delle parole, da dove vengono e come dovrebbero essere dette.

HIRAGANA ひらがな

あいうえおかきくけこ

Questo è il primo script che dovremmo imparare e consiste in semplici caratteri realizzati con forme *arrotondate*. A differenza dell'alfabeto inglese, questo è un **script fonetico**, e ogni carattere rappresenta un suono di sillaba. Ogni volta che vedrai un carattere specifico, saprai come suona.

KATAKANA カタカナ

アイウエオカキクケコ

Anche questo è un semplice script fonetico. Katakana **rappresenta gli stessi suoni delle sillabe come Hiragana** ma viene usato per parole *prestate* da altri linguaggi, per esempio, per nomi stranieri, tecnologie moderne o cibi. Il loro aspetto è più spigoloso e appuntito.

Il quale significa 'Caratteri Cinesi', **Kanji** contiene caratteri presi in prestito dalla lingua Cinese. A differenza degli altri script che rappresentano i suoni, i simboli in **Kanji** mostrano blocchi di significato, come parole intere o un'idea generale riguardo a qualcosa.

年本月生米前合事社京

Esistono letteralmente migliaia di Kanji e vengono creati nuovi tutto il tempo, quindi sono una vera sfida anche per i linguisti più avanzati. Esiste una logica riguardo al modo in cui sono creati, quindi eventualmente sarà possibile capire o indovinare simboli che non hai visto prima.

SILLABARI KANA

Hiragana e Katakana (spesso conosciuti come Kana) ciascuno ha **46 caratteri di base** che, a differenza dei caratteri inglesi, rappresentano un diverso suono parlato (invece di un carattere). Praticamente, tutti questi suoni vengono basati su soli 5 "suoni vocali" a cui aggiungiamo un suono di consonante davanti per crearne nuovi. Prometto che sarà più facile di quanto sembra!

Hiragana	あ	い	う	え	お
Katakana	ア	イ	ウ	エ	オ
Romaji	a	i	u	e	o
Pronuncia	'ah'	'ee'	'oo'	'eh'	'oh'

I cinque suoni delle vocali

Questo libro mostrerà come scrivere tutta la base dell'Hiragana e del Katakana, e anche come vengono creati suoni extra combinando i simboli di base. Entro la fine del libro, sarai in grado di scrivere i caratteri che compongono la maggior parte dei suoni necessari per il Giapponese.

Le prossime pagine contengono molte informazioni, ma cerca di non farti travolgere. Oltre ai grafici di tutti i Kana di base che imparerai, analizzeremo alcune delle regole di base per combinare questi simboli, quindi è il momento di mettere il nero sul bianco!

DIREZIONE DELLA SCRITTURA

I testi giapponesi sono spesso visti disposti in colonne verticali che vengono scritte e lette dall'alto verso il basso una colonna alla volta, a partire dal lato destro della pagina. Dopo la fine della Seconda Guerra Mondiale, è più familiare l'uso dell'orientamento orizzontale – la lettura dalla sinistra alla destra, come nella lingua inglese. Questo vale per tutti i diversi script.

Il testo in questi esempi è identico, ad eccezione della direzione della lettura e scrittura:

1.
私は犬を飼っています。
彼女は行儀が良い。
彼らは寝るのが好きです。
多くの場合、一日中。
多分彼女は怠け者です。

2.

Tategaki
縦書き
('scrittura orizzontale')

1.

2. 私は犬を飼っています。
彼女は行儀が良い。
彼らは寝るのが好きです。
多くの場合、一日中。
多分彼女は怠け者です。

Yokogaki
横書き
('scrittura verticale')

Entrambi questi stili sono accettati e vengono spesso scelti in base al layout e al design del documento. In generale, i layout verticali vengono utilizzati per i testi tradizionali, mentre il testo orizzontale si trova nella scrittura più moderna o nei documenti ufficiali. Una cosa da ricordare è che i libri con il stile di scrittura tategaki *(verticale)* sono rilegati in modo opposto ai libri in Inglese, quindi inizi effettivamente a leggerli dalla copertina posteriore!

PRONUNCIA

Imparare a pronunciare bene il Giapponese inizia quando impari gli script Kana, poiché coprono la maggior parte dei suoni di cui abbiamo bisogno per l'intera lingua. È importante esercitarsi in questa fase iniziale se si desidera sviluppare un accento dal suono naturale e nativo.

Appunto:
Questo libro di lavoro include un'introduzione molto semplice alla pronuncia Giapponese, poiché viene insegnata in modo più efficace con audio. Ciascuna delle pagine di esercitazione utilizza una parola o una sillaba dal suono simile dall'Italiano per descrivere i suoni - è buona pratica ripeterle ad alta voce mentre avanzi con il libro.

Gli script giapponesi sono stati originariamente scritti con un pennello e hanno un aspetto dipinto come l'inchiostro. Ora vengono usate le penne moderne ma è importante che impariamo a scrivere con i movimenti e i tratti tradizionali. Convenientemente, il carattere Hiragana け (o 'ke') contiene ciascuno dei tre tipi di tratto che userete - per aiutare a descrivere come scrivere i caratteri nel prossimo capitolo, abbiamo dato loro nomi che riflettono come sono fatti e come appaiono:

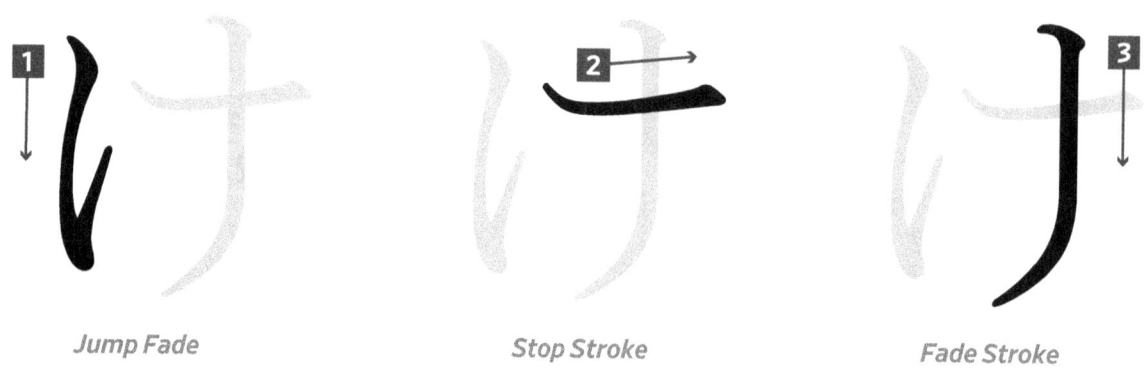

Jump Fade   *Stop Stroke*   *Fade Stroke*

Il **'jump fade'** è fatto con un rapido movimento della penna dal foglio alla fine di quel tratto. Il **'stop stroke'** è esattamente come suona, la linea viene fermata definitivamente prima di sollevare la penna. Una **'fade stroke'** si ottiene sollevando più delicatamente la penna dalla carta mentre la mano è in movimento. Puoi immaginare come la linea potrebbe diventare più sottile e sbiadire sollevando gradualmente la punta spessa e bagnata della penna dalla pagina.

STILI DI SCRITTURA

Questo libro vi insegnerà a scrivere in Hiragana con i movimenti standard basati su apparenze spazzolate, ma incontrerete altri stili di caratteri:

Questi caratteri hanno tutti lo stesso significato ma hanno un aspetto leggermente diverso perché sono fatti a mano, con penne o matite, o visualizzati come un moderno carattere digitale su uno schermo (o in stampa). Anche se l'aspetto cambia leggermente, il significato rimane.

Parte 2

GRAFICI HIRAGANA E REGOLE DI BASE

Questo grafico mostra il **46 Hiragana di base** con un'ortografia in Romaji per un simile suono fonetico. I suoni vocalici sono mostrati in alto e le loro versioni controparti con suoni consonantici sono mostrate sotto di loro. ** notare l'eccezione 'n' - anche la *wo è un kana non comune.

Suoni di vocali

	a	i	u	e	o
	あ (a)	い (i)	う (u)	え (e)	お (o)
k	か (ka)	き (ki)	く (ku)	け (ke)	こ (ko)
s	さ (sa)	し (shi)	す (su)	せ (se)	そ (so)
t	た (ta)	ち (chi)	つ (tsu)	て (te)	と (to)
n	な (na)	に (ni)	ぬ (nu)	ね (ne)	の (no)
h	は (ha)	ひ (hi)	ふ (fu)	へ (he)	ほ (ho)
m	ま (ma)	み (mi)	む (mu)	め (me)	も (mo)
y	や (ya)		ゆ (yu)		よ (yo)
r	ら (ra)	り (ri)	る (ru)	れ (re)	ろ (ro)
w	わ (wa)		ん (**n)		を (*wo)

Consonanti

DIACRITICI

Oltre *all'Hiragana* di base, esistono **25 simboli Diacritici**. Questi sono per sillabe dal suono simile che sono espresse in modo diverso. Sono essenzialmente gli stessi simboli di base ma con segni extra per mostrare che dovrebbero essere pronunciati con un suono leggermente alterato:

Bas3	*con Dakuten*	*con Handakuten*

L'Hiragana di base con questi piccoli tratti *(Dakuten)* oppure un cerchio *(Handakuten)* sopra di loro mostrano che la parte consonante del suono deve essere cambiata quando viene pronunciata:

- il suono-**k** viene pronunciato con un suono-**g**.
- i suoni-**s** cambiano in suoni-**z** *(ad eccezione di* し*)*.
- i suoni-**t** diventano suoni-**d**.
- i suoni-**h** diventano suoni-**b** con *Dakuten*.
    ...oppure suoni-P con *Handakuten*

	a	i	u	e	o
k ▸ g	が ga	ぎ gi	ぐ gu	げ ge	ご go
s ▸ z	ざ za	じ ji	ず zu	ぜ ze	ぞ zo
t ▸ d	だ da	ぢ dzi (ji)	づ dzu	で de	ど do
h ▸ b	ば ba	び bi	ぶ bu	べ be	ぼ bo
h ▸ p	ぱ pa	ぴ pi	ぷ pu	ぺ pe	ぽ po

DIGRAFI

Questo set di simboli viene chiamato **Digrafi-** usando due caratteri di base che abbiamo già visto, mostrano dove due suoni di sillabe vengono combinati per crearne uno nuovo:

き + や = きゃ
(ki)   (ya)   (kya)

Quando si scrivono queste lettere, è fondamentale che il secondo simbolo sia disegnato notevolmente più piccolo del primo. In modo da capire che i due suoni dovrebbero essere combinati.

La pronuncia di questi cosiddetti suoni *composti* Hiragana è abbastanza semplice - per esempio, き *(ki)* + や *(ya)* diventaきゃ *(kya)* e viene pronunciato come 'kiya' *senza il suono della 'i'.*

Non lasciarti spaventare dal grafico: tutti i Digrafi sono realizzati esclusivamente con lettere della colonna い/i *(escludendola)* e vengono modificati solo dalle lettere della riga Y!

きゃ	きゅ	きょ		ぎゃ	ぎゅ	ぎょ
kya	kyu	kyo		gya	gyu	gyo
しゃ	しゅ	しょ		じゃ	じゅ	じょ
sha	shu	sho		ja	ju	jo
ちゃ	ちゅ	ちょ		にゃ	にゅ	にょ
cha	chu	cho		nya	nyu	nyo
ひゃ	ひゅ	ひょ		びゃ	びゅ	びょ
hya	hyu	hyo		bya	byu	byo
ぴゃ	ぴゅ	ぴょ		りゃ	りゅ	りょ
pya	pyu	pyo		rya	ryu	ryo
みゃ	みゅ	みょ				
mya	myu	myo				

DOPPIE CONSONANTI

Dobbiamo anche essere consapevoli che alcune parole giapponesi contengono un suono di consonanti doppie. Quando scriviamo queste parole, aggiungiamo un simbolo in più a forma di つ/tsu (chiamato sokuon) per dimostrare che deve essere pronunciato in modo diverso. Vediamo un esempio:

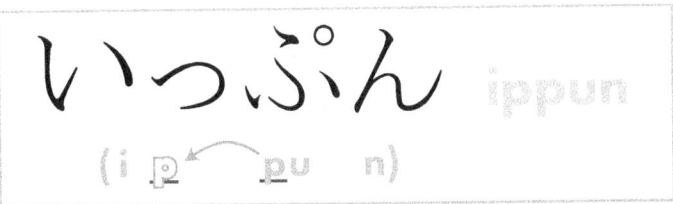

Senza il *(tsu)*, la parola いぷん *(ipun)* non ha alcun significato, ma いっぷん *(ippun)*, con il *sokuon*, significa (un) minuto.

Notare che il piccolo simbolo つ viene messo **prima** del carattere da cui prende il suono della consonante extra. Quando vedi le parole con questo modificatore, la parte consonante del simbolo che lo segue *(in questo esempio la 'p' di 'pu')* viene aggiunta alla fine del suono.

Entrambe le consonanti devono essere ascoltate separatamente quando la parola viene pronunciata, come dire: **'ip-pun'** ma senza creare un vuoto che può essere ascoltato.

SUONI VOCALICI ALLUNGATI

Come con le doppie consonanti, dobbiamo essere consapevoli anche dei suoni vocalici allungati *(ad esempio. aa, ii. oo, ee, e uu)*. Quando parliamo, estendiamo semplicemente la durata del suono (di solito il doppio) ma quando scriviamo queste parole, il suono vocale allungato viene mostrato con un carattere aggiuntivo *(chiamato chouon)*. Il carattere utilizzato varia a seconda della vocale:

Vocale	Estensore
a	あ
i / e	い
u / o	う

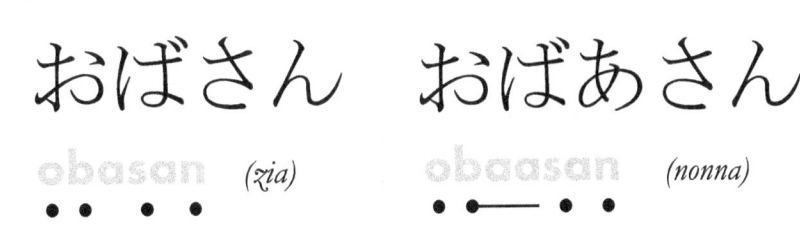

Ecco un esempio per mostrare come il significato della parola viene cambiato aggiungendo (o mancando) il suono della vocale più lunga!

La lingua Giapponese è piena di eccezioni, ma tendono ad essere apprese con l'esperienza. Per ora è solo utile essere consapevoli delle doppie consonanti e vocali, così puoi capire quando ne vedi una!

Parte 3

IMPARA A SCRIVERE L'HIRAGANA

あ　あ　**a**

Pronunciata come la 'a' in aprirsi.

Questo kana è disegnato con tre tratti; stop, stop, fade.

Il primo tratto è una linea orizzontale leggermente angolata. Il secondo taglia il primo a metà verticalmente, curvando verso il basso e poi verso l'esterno in giú. Il terzo tratto inizia dal centro, curvando verso il basso e verso la sinistra, prima di risalire e tornare a destra. Si attraversa il punto di partenza e poi si torna indietro. Prova a far scorrere la penna alla fine di questo terzo tratto.

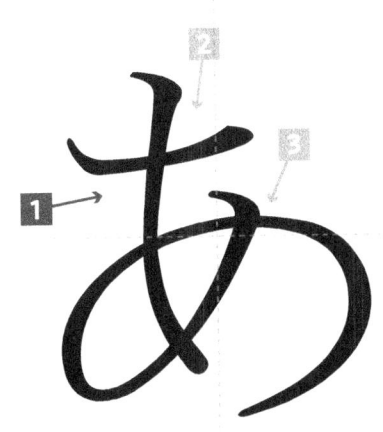

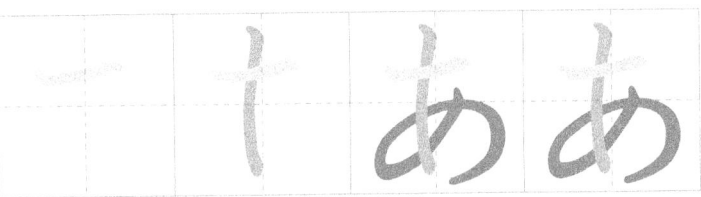

　Prima di tutto, traccia le forme nelle celle sottostanti.

　Ora esercitati a disegnare questo carattere nelle celle più piccole.

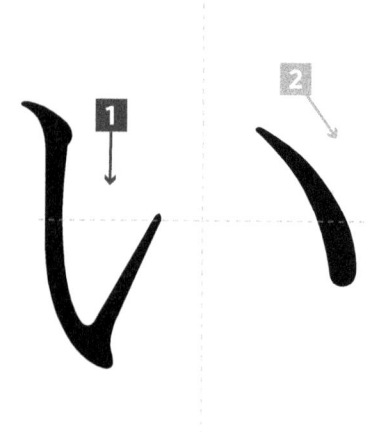 い　　い　　i

PARLA Pronunciato come la 'i' in piccolo.

IMPARA Questo kana è disegnato con due tratti; jump fade, stop.

Il primo tratto è una linea diagonale curvata che gira brusca-mente verso l'alto nella parte inferiore, terminando con un movimento della penna. Questo tipo di rilascio con una svolta brusca è chiamato *hane*. Quando si scrive una hane, è come se questo tratto si collegasse a quello successivo. Il secondo tratto inizia quasi dove si ferma il primo: traccia una linea curva opposta dal primo tratto, più corto del primo, senza la hane.

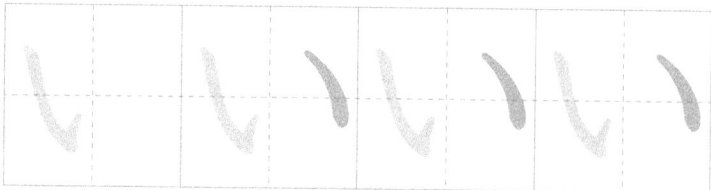

SCRIVI Prima di tutto, traccia le forme nelle celle sottostanti.

PRATICA Ora esercitati a disegnare questo carattere nelle celle più piccole.

う　う　**u**

Pronunciato come la 'u' in uno.

Questo kana è disegnato con due tratti; jump fade, stop.

Disegna la linea corta e obliqua in alto al centro e fai scorrere la penna avanti e indietro verso la sinistra. Fai attenzione al secondo tratto mentre fai scorrere la penna: inizia quasi dove è terminato il primo, nella stessa direzione. La forma dell'orecchio si curva verso l'alto a destra e poi verso il basso al centro. Scorri la penna mentre completi anche questo tratto. Il primo tratto non deve essere troppo grande o sembrerà sbilanciato.

SCRIVI

Prima di tutto, traccia le forme nelle celle sottostanti.

PRATICA

Ora esercitati a disegnare questo carattere nelle celle più piccole.

え　え　**e**

Pronunciato come il 'e' in evento.

IMPARA Questo kana è disegnato con due tratti; jump fade, stop.

Iniziamo come con il hiragana precedente う, con una linea corta e obliqua in alto al centro. Per il secondo tratto, immagina di scrivere il numero 7 e poi di tracciare un po', prima di disegnare una piccola onda. Estendi questo tratto ma non spostare la penna fuori dalla pagina.

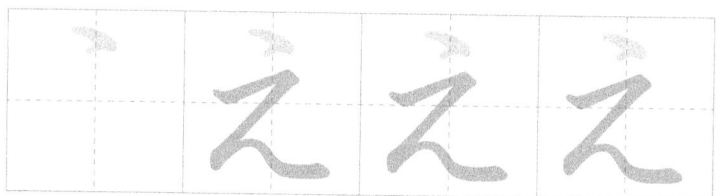

SCRIVI　　　　　　　　　　　　　　Prima di tutto, traccia le forme nelle celle sottostanti.

PRATICA　　　　　　　Ora esercitati a disegnare questo carattere nelle celle più piccole.

お お o

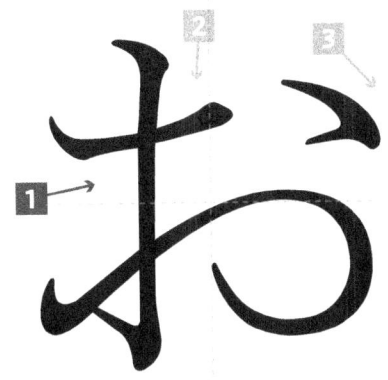

Pronunciato come la 'o' in occhio.

Questo kana è disegnato con tre tratti; stop, fade, stop.

Inizia con una breve linea orizzontale, come con あ, ma un po' più in basso e verso la sinistra. Il secondo tratto taglia il primo a metà con una linea verticale, girando la penna bruscamente verso sinistra e in basso. Poi girala di nuovo per creare una grande curva prima di togliere la penna. Il terzo piccolo tratto posizionato in alto a destra del primo tratto.

SCRIVI

Prima di tutto, traccia le forme nelle celle sottostanti.

PRATICA

Ora esercitati a disegnare questo carattere nelle celle più piccole.

か か **ka**

Pronunciato come la 'ca' in cantare.

Questo kana è disegnato con tre tratti; jump, stop, stop.

Inizia con una linea orizzontale prima di girarla verticalmente verso il basso e piegarla all'indietro a sinistra - termina con una hane. Il secondo tratto interseca il primo, dal centro in alto a quello in basso a sinistra. Il tratto finale è una curva inclinata a destra. È importante che questo tratto sia più lungo dei piccoli tratti nel kana precedente, per garantire che non venga letto come un modificatore.

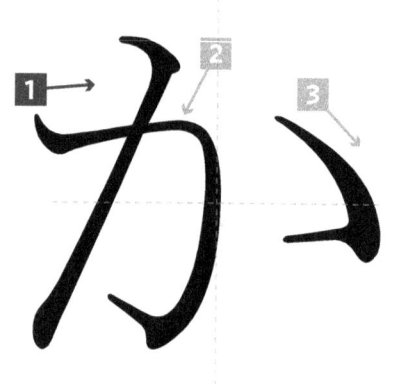

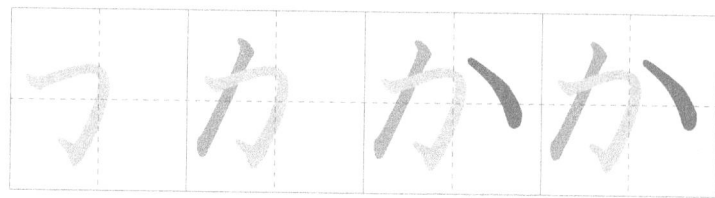

SCRIVI

Prima di tutto, traccia le forme nelle celle sottostanti.

PRATICA

Ora esercitati a disegnare questo carattere nelle celle più piccole.

き き **ki**

Pronunciato come il 'chi' in chiamare.

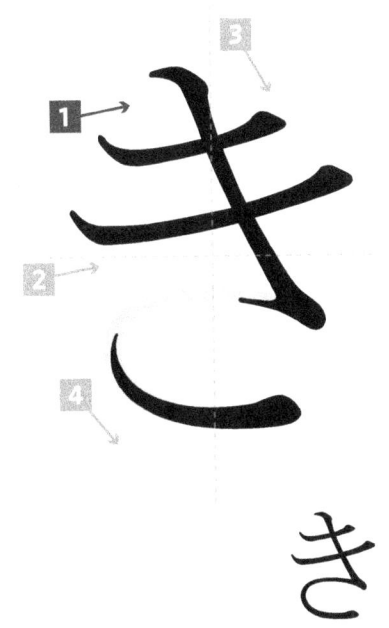

き

IMPARA Disegnato con quattro tratti; stop, stop, jump fade, stop.

I tuoi primi due tratti sono linee parallele, da sinistra a destra e leggermente angolate. Il terzo tratto taglia i primi due e termina con una hane. Disegna la tua hane muovendoti verso l'alto, iniziando il quarto segno. Disegna l'ultimo segno di arresto curvo intorno a destra. Spesso vedi questi segni collegati in alcuni caratteri, come mostrato nella piccola immagine a sinistra, ma questo è il modo corretto per disegnare questo carattere.

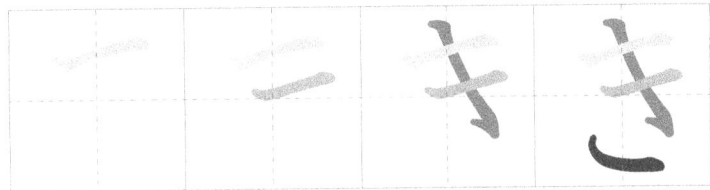

SCRIVI

Prima di tutto, traccia le forme nelle celle sottostanti.

PRATICA

Ora esercitati a disegnare questo carattere nelle celle più piccole.

く く ku

Pronunciato come il 'cu' in cucina.

Questo kana è disegnato con un solo tratto: un stop.

Questo carattere a tratto singolo è disegnato in modo molto simile a una parentesi angolare di apertura, ma con una leggera piegatura verso l'interno. Cerca di assicurarti che il punto iniziale e quello finale siano allineati verticalmente, per creare un carattere ben bilanciato.

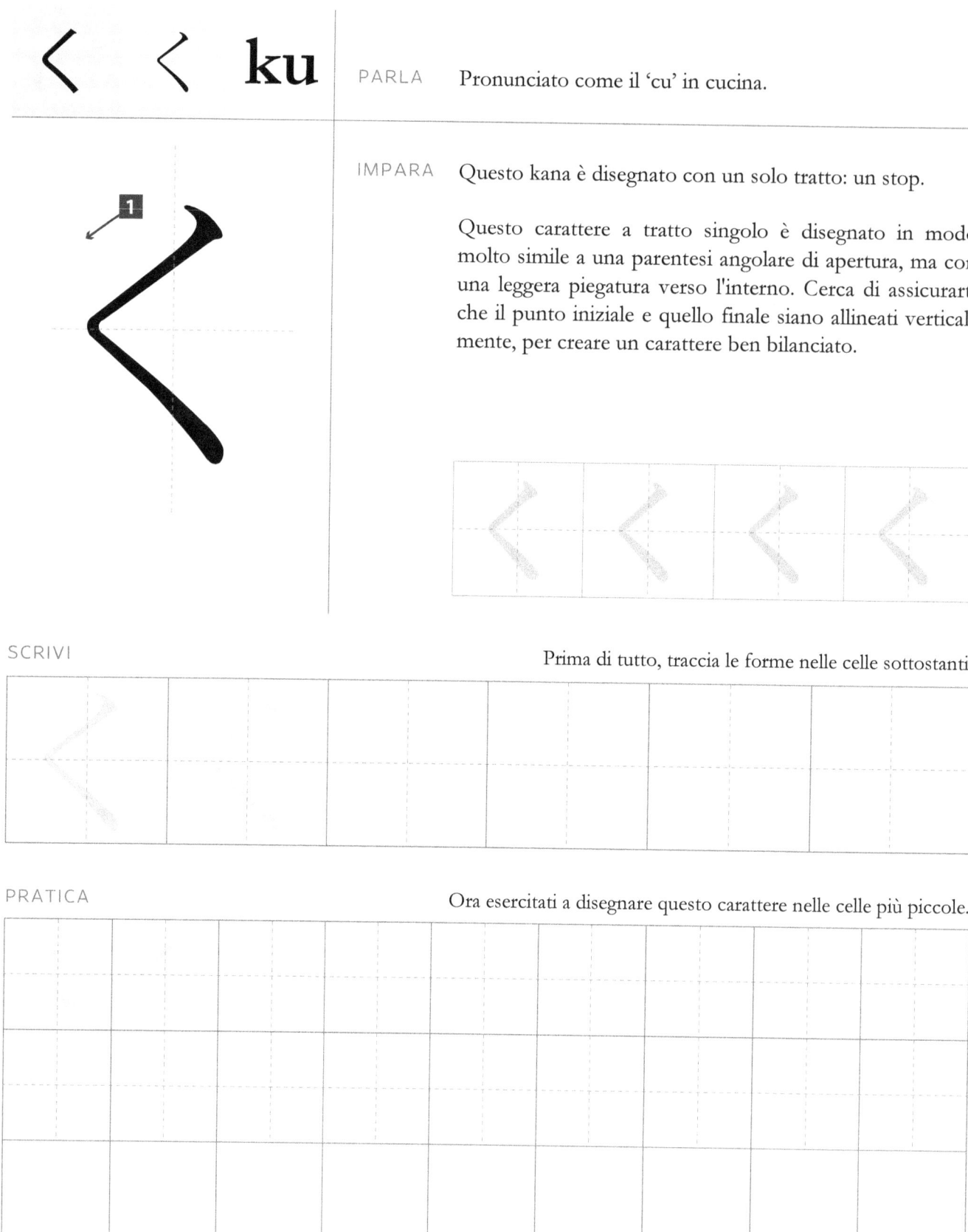

SCRIVI

Prima di tutto, traccia le forme nelle celle sottostanti.

PRATICA

Ora esercitati a disegnare questo carattere nelle celle più piccole.

け け **ke**

Pronunciato come la 'che' in chela.

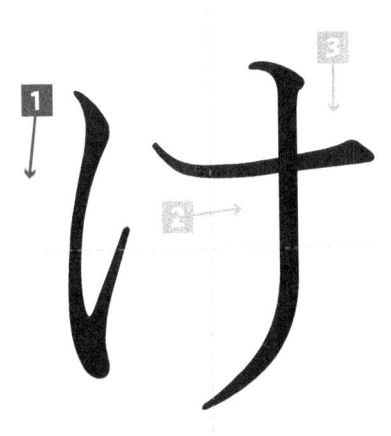

IMPARA Questo kana ha tre tratti: un jump fade, uno stop, e un fade.

Disegna il primo tratto verso il basso con una piccola curva verso l'esterno e termina con una hane. Il secondo segno è una continuazione dell'hane, con una breve linea da sinistra a destra. Il tuo ultimo tratto è un'altra linea verticale verso il basso, con una curva a sinistra. Inizia un po' più in alto di prima e finisce più in basso. Termina questo tratto con un movimento della penna.

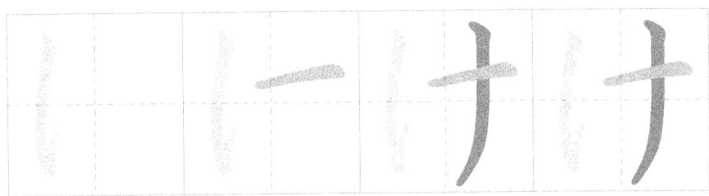

SCRIVI   Prima di tutto, traccia le forme nelle celle sottostanti.

PRATICA   Ora esercitati a disegnare questo carattere nelle celle più piccole.

こ　こ　**ko**

Pronunciato come il 'co' in cometa.

Questo kana è disegnato con due tratti: un jump e un stop.

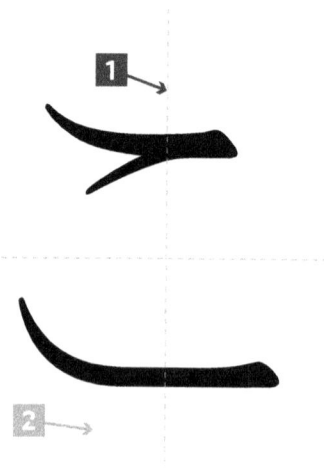

Disegna questo kana con due tratti che si curvano verso l'interno quasi collegandosi per formare un grande anello. Il primo segno è una linea orizzontale curva che termina con una hane. Il tuo secondo tratto inizia più in basso e verso la sinistra. I tratti dovrebbero sembrare quasi collegati per creare una forma circolare chiusa.

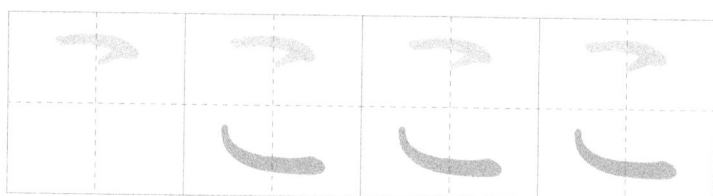

SCRIVI　　　　　　　　　　　　　　　　Prima di tutto, traccia le forme nelle celle sottostanti.

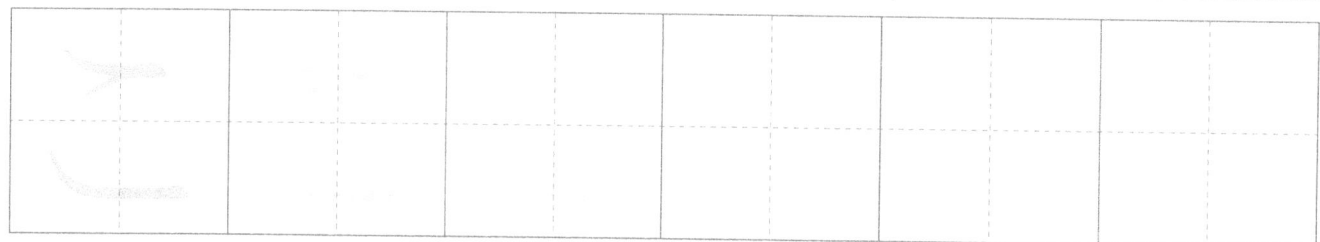

PRATICA　　　　　　　　　Ora esercitati a disegnare questo carattere nelle celle più piccole.

さ　さ　**sa**

Pronunciato come il 'sa' in sardine.

Questo kana è disegnato con tre tratti: stop, jump, stop

Scritto in modo simile a き ma senza il primo breve tratto. Inizia con la linea orizzontale angolata da sinistra a destra. Il tuo secondo tratto attraversa questo segno e termina con una hane. Il terzo segno viene tracciato appoggiando la penna leggermente dopo la hane e curvandola all'indietro. Questo kana viene spesso visualizzato come connesso, ma il metodo corretto è di sollevare la penna.

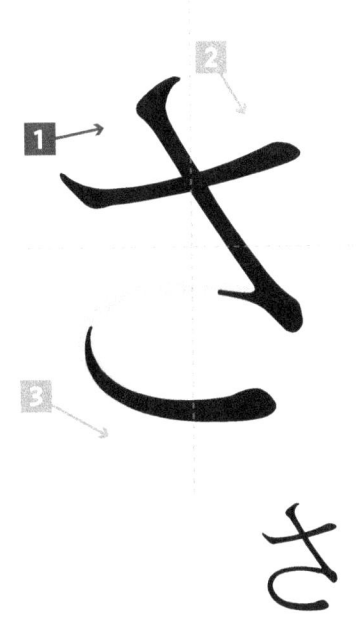

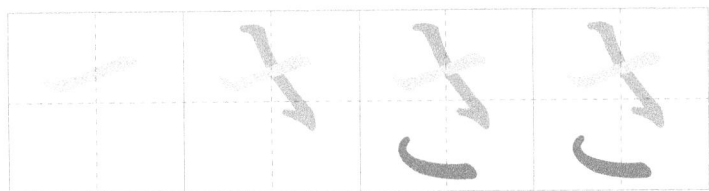

Prima di tutto, traccia le forme nelle celle sottostanti.

Ora esercitati a disegnare questo carattere nelle celle più piccole.

し　し **shi**

Pronunciato come il 'sci' in sciro.

Disegna questo kana con un singolo tratto, una fade spazzolata.

Questo kana è scritto con un solo tratto. Inizia come una linea verticale dall'alto verso il basso prima di curvarla verso la destra e verso l'alto. Scorri la penna dalla pagina alla fine.

SCRIVI Prima di tutto, traccia le forme nelle celle sottostanti.

PRATICA Ora esercitati a disegnare questo carattere nelle celle più piccole.

す す **su**

Pronunciato come il 'su' in supermercato.

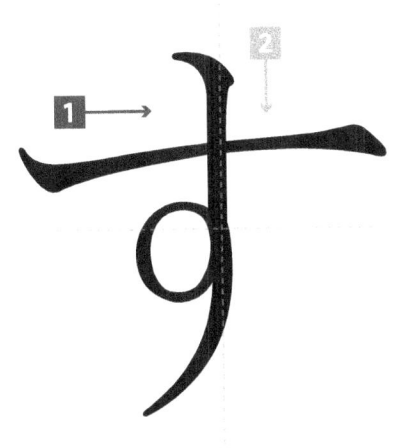

IMPARA   Questo ha due tratti: un stop, e un looping fade.

Inizia con una lunga linea tracciata da sinistra a destra. Il tuo secondo segno inizia in alto e viene tracciato verso il basso attraverso il primo. Poi crea un loop subito dopo l'intersezione. Completa il tratto curvando verso il basso a sinistra e sfiora la penna dal foglio all'estremità per sfumare il tratto. Prova a tagliare il primo tratto leggermente fuori centro, a destra. Questo creerà più spazio per il tuo loop.

SCRIVI   Prima di tutto, traccia le forme nelle celle sottostanti.

PRATICA   Ora esercitati a disegnare questo carattere nelle celle più piccole.

せ せ **se**

Pronunciato come il 'se' in segale.

Questo kana è disegnato con tre tratti; stop, jump, stop

Inizia questo carattere con una lunga linea orizzontale, da sinistra a destra. Il secondo tratto è una linea verticale più corta sul lato destro e termina con una hane verso l'alto e verso la sinistra. Solleva la penna ma mantieni lo slancio nella stessa direzione in cui hai iniziato il terzo tratto. Disegna una linea verticale verso il basso e piegala verso la destra. Non sfiorare la penna. I primi due segni dovrebbero tagliare il primo segno con spazi pari.

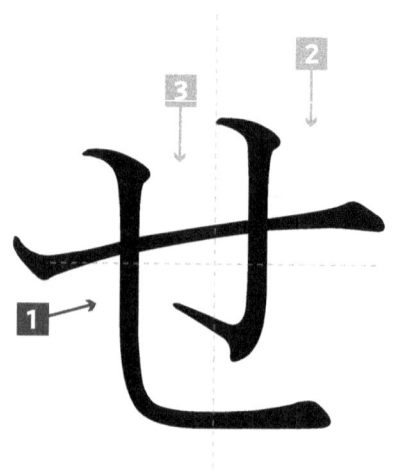

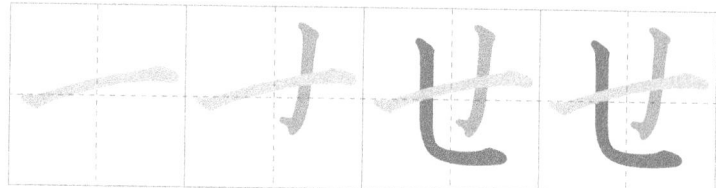

SCRIVI

Prima di tutto, traccia le forme nelle celle sottostanti.

PRATICA

Ora esercitati a disegnare questo carattere nelle celle più piccole.

そ そ **SO**

Pronunciato come la 'so' in dorso.

IMPARA   Questo kana è creato con un singolo tratto a zig zag; stop.

Inizia creando la forma a "Z" nella metà superiore, prima di aggiungere la forma a "C" di seguito: non sollevare la penna dalla pagina. La forma a "C" deve terminare senza alcun movimento verso l'alto. Assicurati che la tua linea orizzontale centrale sia più lunga di quella superiore. Anche se non comune, potresti vedere questo carattere visualizzato come due tratti in alcuni caratteri.

SCRIVI   Prima di tutto, traccia le forme nelle celle sottostanti.

PRATICA   Ora esercitati a disegnare questo carattere nelle celle più piccole.

29

た た **ta**

PARLA   Pronunciato come il 'ta' in tardi.

IMPARA   Questo kana è disegnato con quattro tratti: sono tutti stop.

Crea una forma a 't' minuscola, con la linea verticale rivolta verso il basso e verso la sinistra. Fallo nella metà sinistra della cella, così c'è spazio per la parte successiva. Il terzo tratto crea un piccolo segno curvo a destra della forma a T e il quarto tratto viene eseguito sotto, con una curva opposta al tratto precedente. Gli ultimi due tratti dovrebbero sembrare quasi collegati per formare una forma circolare.

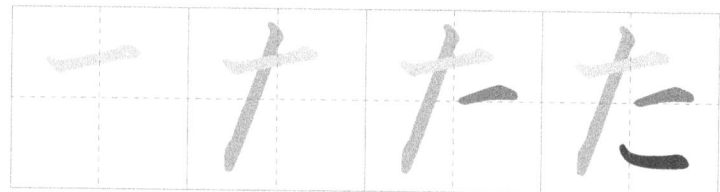

SCRIVI   Prima di tutto, traccia le forme nelle celle sottostanti.

PRATICA   Ora esercitati a disegnare questo carattere nelle celle più piccole.

30

ち ち chi

Pronunciato come il 'ci' in vicino.

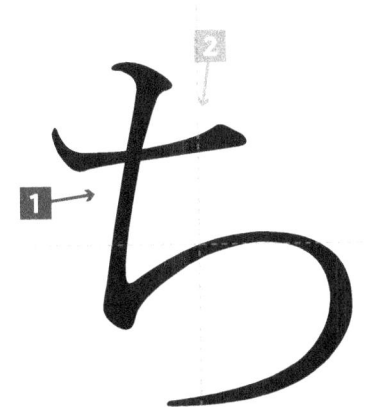

IMPARA   Questo kana è disegnato con due tratti; stop, fade.

Scriviamo questo carattere come un'immagine speculare a forma di さ, ma non è necessario sollevare la penna. Disegna il tuo primo segno da sinistra a destra, con una leggera angolazione. Il tuo secondo tratto è una linea leggermente diagonale verso il basso e verso sinistra, che si interseca con il primo. Quando ti avvicini al fondo, si curva all'indietro e intorno a destra, formando una forma circolare e terminando con un tocco dalla pagina.

SCRIVI   Prima di tutto, traccia le forme nelle celle sottostanti.

PRATICA   Ora esercitati a disegnare questo carattere nelle celle più piccole.

つ つ **tsu**

Pronunciato come il 'tsu' in tsunami, con la 't' silenziosa.

IMPARA   Questo kana è disegnato con un singolo tratto, fade.

Essendo uno dei caratteri più semplici, questo kana è realizzato con una curva lunga e ampia che si dissolve alla fine. Crea la dissolvenza facendo scorrere la penna dalla pagina mentre ti avvicini alla fine dell'arco.

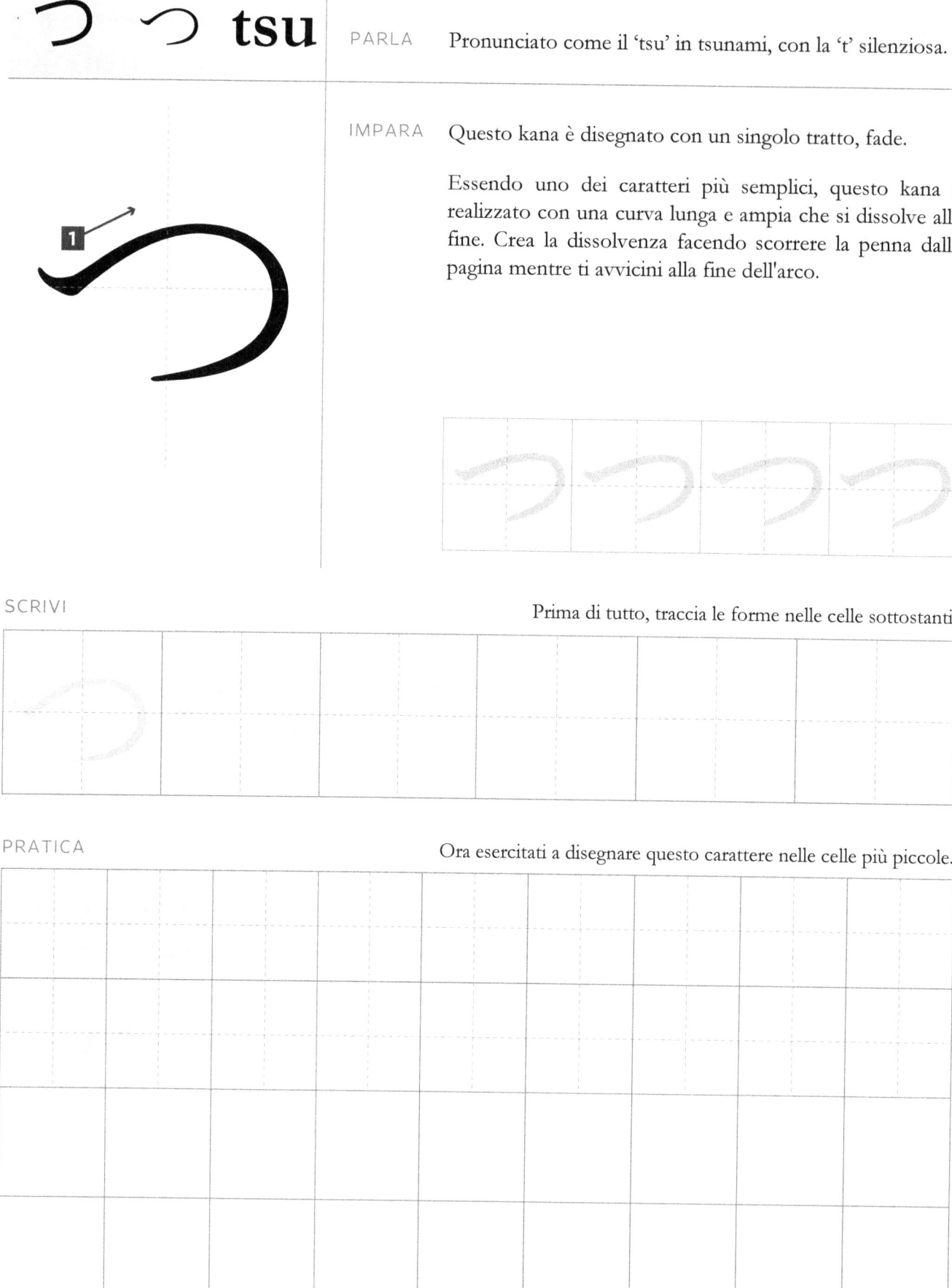

SCRIVI   Prima di tutto, traccia le forme nelle celle sottostanti.

PRATICA   Ora esercitati a disegnare questo carattere nelle celle più piccole.

て　て　**te**

Pronunciato come il 'te' in tempo.

Questo kana è disegnato con un tratto: a stop.

Con un solo tratto, muovi la penna da sinistra a destra con una leggera angolazione verso l'alto, prima di tornare indietro a sinistra e in basso. Tieni la penna sulla carta mentre crei un'ampia curva a forma di "C". Poiché si tratta di un punto di arresto, non sfiorare la penna dalla pagina.

Prima di tutto, traccia le forme nelle celle sottostanti.

Ora esercitati a disegnare questo carattere nelle celle più piccole.

と と **to**

Pronunciato come il 'to' in alto.

Questo kana è creato con due tratti; stop, stop.

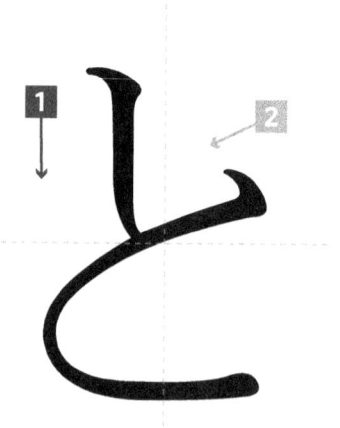

Il primo segno è una piccola linea leggermente inclinata, disegnata al centro della cella. Il tuo secondo tratto è una grande linea curva che incontra la fine del primo nel mezzo. Quindi si piega a sinistra e intorno verso la parte inferiore destra della cella. Il punto iniziale e quello finale del secondo tratto dovrebbero essere allineati verticalmente. Il tuo secondo tratto on deve attraversare il primo ma passare attraverso la fine.

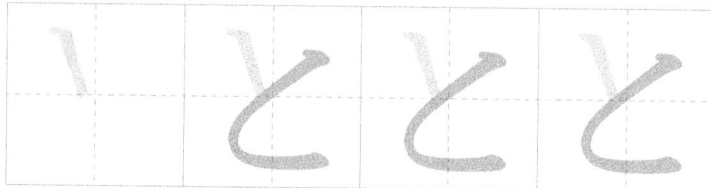

SCRIVI   Prima di tutto, traccia le forme nelle celle sottostanti.

PRATICA   Ora esercitati a disegnare questo carattere nelle celle più piccole.

な な **na**

Pronunciato come il 'na' in sonata.

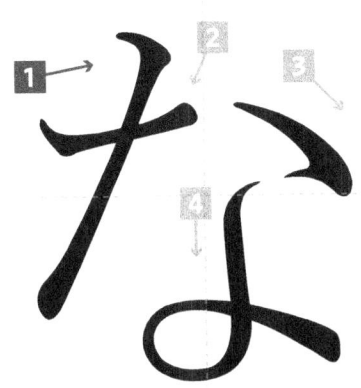

Questo kana ha quattro tratti; stop, stop, jump fade, e stop.

Inizia con una linea orizzontale corta e angolata a sinistra. Il tuo secondo segno è un tratto diagonale più lungo che attraversa il primo, in basso e a sinistra - non farlo troppo lungo. Il terzo tratto viene eseguito come una linea curva sul lato destro, che termina con una hane. Proprio mentre sollevi la penna, inizia immediatamente il quarto tratto verso il basso prima di avvolgerlo. Termina questo ciclo con una fermata sotto il terzo tratto.

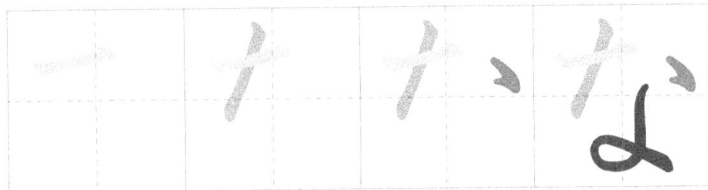

Prima di tutto, traccia le forme nelle celle sottostanti.

Ora esercitati a disegnare questo carattere nelle celle più piccole.

に に ni

Pronunciato come il 'ni' in nicchia.

Questo kana ha tre tratti: un jump fade, e due stop.

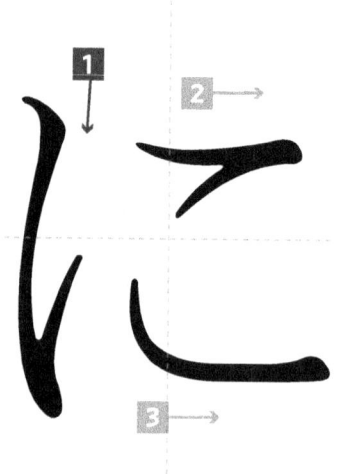

Proprio come i caratteri precedenti, inizia con una linea verticale in basso sul lato sinistro e termina con una hane verso l'alto a destra. Il tuo secondo segno è quasi una continuazione della hane ed è una piccola linea orizzontale curva. L'ultimo segno è fatto come una curva nella direzione opposta, quasi formando un cerchio. Non spostare la penna dall'estremità qui, poiché è un segno di stop.

SCRIVI

Prima di tutto, traccia le forme nelle celle sottostanti.

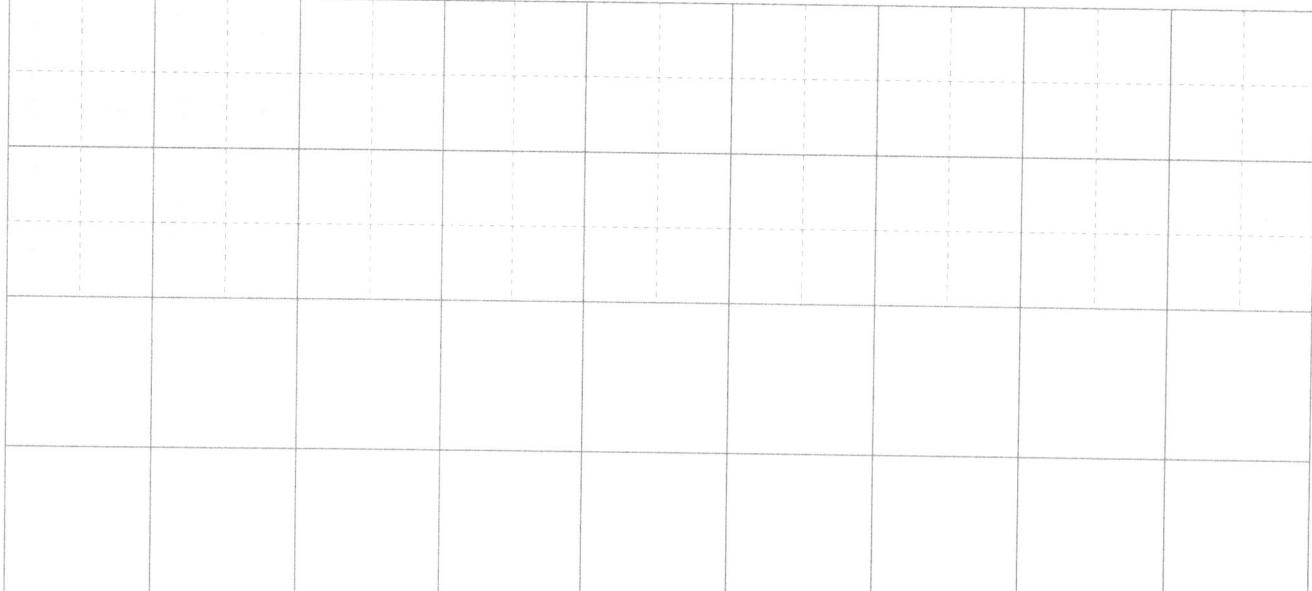

PRATICA

Ora esercitati a disegnare questo carattere nelle celle più piccole.

ぬ ぬ **nu**

Pronunciato come il 'nu' in nuziale.

Disegnato con due tratti; un stop e un stop lungo in loop.

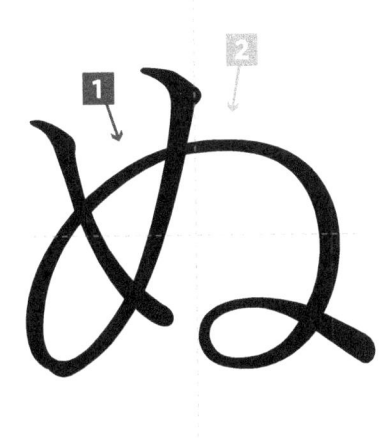

Inizia disegnando una linea leggermente curva in un angolo. Il tuo secondo segno inizia a un tipo di altezza simile, ma curvato all'indietro verso il primo. Quindi torna indietro e torna a destra. Quando la penna si avvicina alla parte inferiore destra della cella, torna indietro e verso destra. Fai attenzione ad abbinare gli spazi tra le righe nell'esempio in modo che il tuo carattere sia ben bilanciato.

SCRIVI

Prima di tutto, traccia le forme nelle celle sottostanti.

PRATICA

Ora esercitati a disegnare questo carattere nelle celle più piccole.

ね ね **ne**

Pronunciato come il 'ne' in nestare.

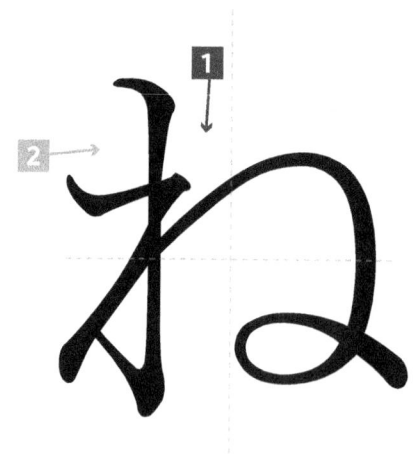

IMPARA

Questo kana viene disegnato con due tratti; stop, long stop.

Disegna la linea verticale dall'alto verso il basso. Inizia il tuo secondo tratto con una breve linea orizzontale che passa sopra il primo, prima di spostare la penna verso il basso sul lato sinistro. Senza prendere la penna dalla pagina, il secondo tratto torna verso l'alto e continua a creare un grande arco. Mentre ti avvicini in basso a destra, fai un piccolo ritorno all'indietro a destra per completare il carattere.

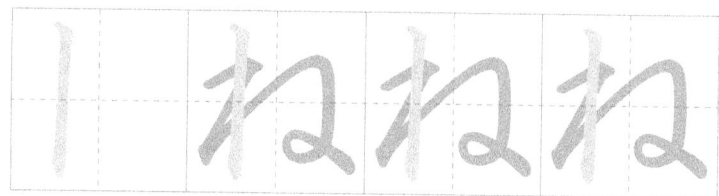

SCRIVI

Prima di tutto, traccia le forme nelle celle sottostanti.

PRATICA

Ora esercitati a disegnare questo carattere nelle celle più piccole.

の の **no**

Pronunciato come il 'no' in notare.

Questo kana si scrive con un tratto: un long fade.

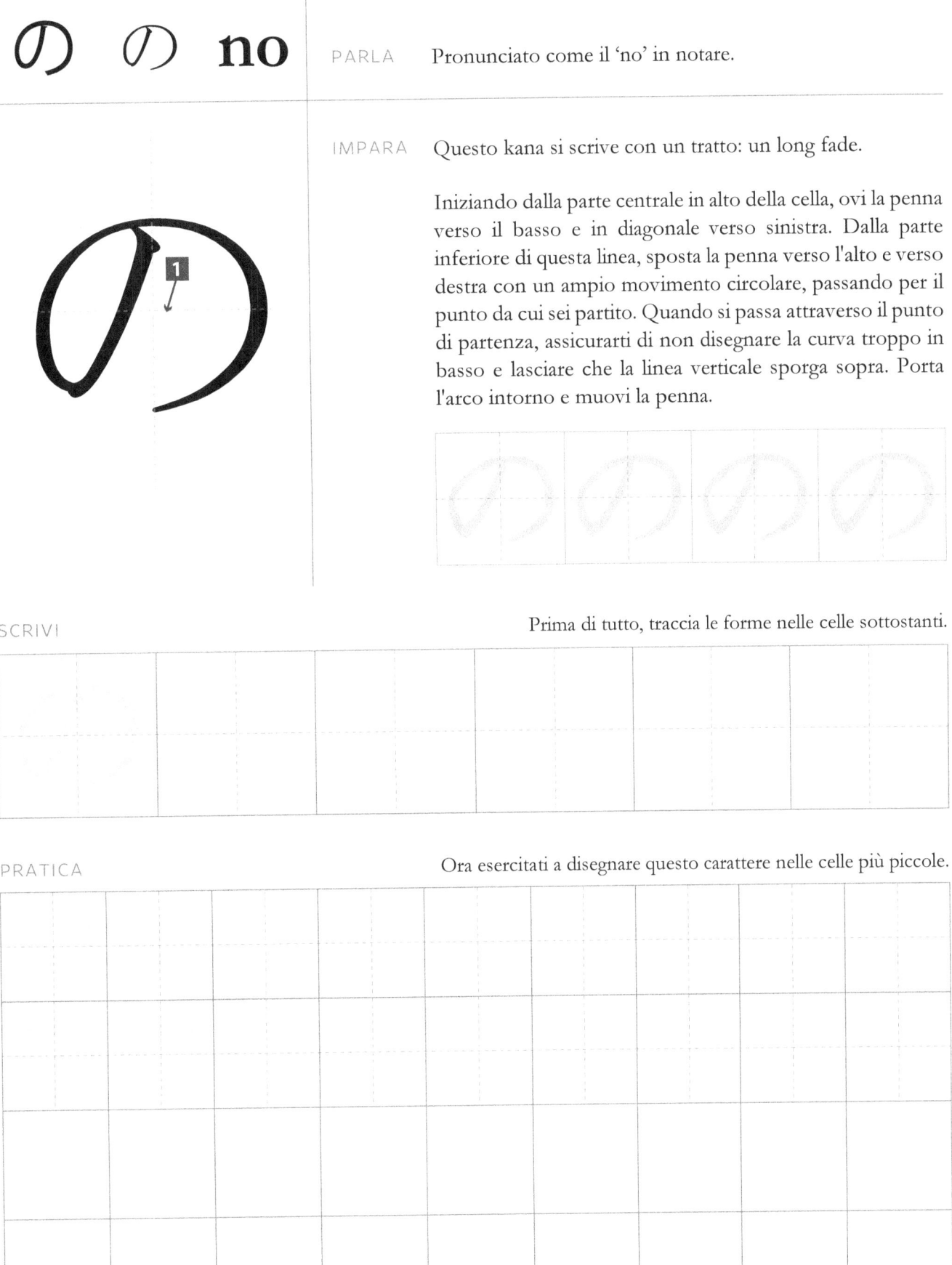

Iniziando dalla parte centrale in alto della cella, ovi la penna verso il basso e in diagonale verso sinistra. Dalla parte inferiore di questa linea, sposta la penna verso l'alto e verso destra con un ampio movimento circolare, passando per il punto da cui sei partito. Quando si passa attraverso il punto di partenza, assicurarti di non disegnare la curva troppo in basso e lasciare che la linea verticale sporga sopra. Porta l'arco intorno e muovi la penna.

SCRIVI   Prima di tutto, traccia le forme nelle celle sottostanti.

PRATICA   Ora esercitati a disegnare questo carattere nelle celle più piccole.

は は **ha**

Pronunciato come la 'ha' mentre ridi, come ha-ha.

IMPARA   Disegna questo kana con tre tratti; jump, stop, loop stop.

I tuoi primi due tratti saranno simili a hiragana け, con un tratto verticale curvo che termina con una hane. Il secondo tratto è una linea orizzontale più corta a destra. Il tuo terzo tratto passerà attraverso il secondo, disegnato verticalmente verso il basso e terminerà con un piccolo anello su se stesso a destra.

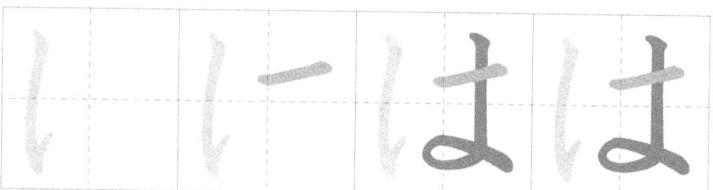

SCRIVI   Prima di tutto, traccia le forme nelle celle sottostanti.

PRATICA   Ora esercitati a disegnare questo carattere nelle celle più piccole.

40

ひ ひ **hi**

Pronunciato come il 'he' in He o She.

Questo kana viene disegnato con un tratto: un sweeping stop.

Inizia creando una breve linea leggermente angolata prima di tornare un po' a sinistra. Tieni la penna sulla pagina mentre crei un'ampia curva a forma di "U" attorno alla metà inferiore della cella. Una volta tornato vicino alla parte superiore e senza sollevare la penna, traccia un po 'indietro e poi via verso destra con una linea curva fino a fermarsi. Non sfogliare la penna dal foglio.

SCRIVI

Prima di tutto, traccia le forme nelle celle sottostanti.

PRATICA

Ora esercitati a disegnare questo carattere nelle celle più piccole.

ふ ふ **fu**

Pronunciato come il 'fu' in fuga.

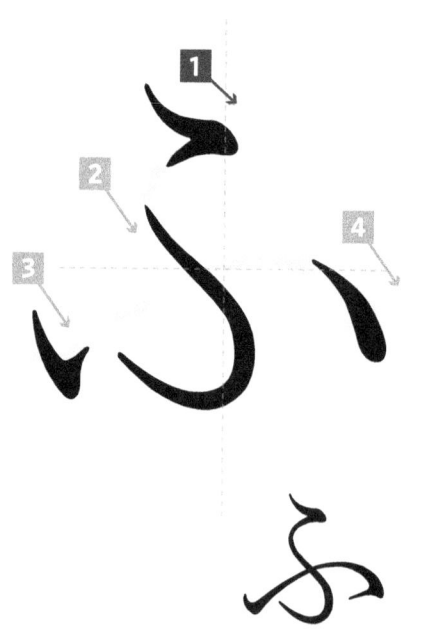

IMPARA Disegnato con quattro tratti; jump fade, jump, stop, e stop.

Inizia con un breve tratto obliquo che termina con una hane in alto al centro. Il tuo secondo tratto è quindi una sorta di forma del naso che dovrebbe essere terminato con un tratto verso l'inizio del terzo tratto. Questa è un'altra breve linea inclinata che termina con una hane, in alto a destra. Per il quarto, solleva la penna sul lato destro dove fai una linea finale, corta e curva.

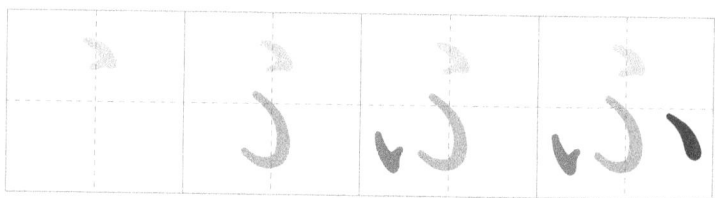

SCRIVI   Prima di tutto, traccia le forme nelle celle sottostanti.

PRATICA   Ora esercitati a disegnare questo carattere nelle celle più piccole.

42

∧　⌒　**he**

Pronunciato come il 'he' in Helsinki, con aspirazione.

Questo kana si crea con un tratto: un stop.

Inizia al centro a sinistra della cella e muovi la penna in diagonale verso l'alto e verso destra per un breve tratto, ma non passare attraverso la linea guida centrale. Senza sollevare la penna, continua a disegnare la linea diagonale più lunga verso il basso e verso destra. La "parte superiore" di questa forma a "V" invertita non dovrebbe essere al centro.

　　　　　Prima di tutto, traccia le forme nelle celle sottostanti.

　　　Ora esercitati a disegnare questo carattere nelle celle più piccole.

ほ ほ ho

Pronunciato come il 'or' in ora, con un suono 'h' aspirato.

Questo ha quattro tratti; jump fade, stop, stop, loop stop.

Proprio come con i primi tratti di は, に e け, inizia con una linea verticale curva che termina con una hane. Sia il secondo che il terzo tratto sono brevi linee parallele in alto a destra. Il tuo voto finale dovrebbe iniziare sulla seconda riga: fai attenzione a non iniziare sopra di essa. Sposta la penna verso il basso, attraverso il terzo tratto, e termina con un anello indietro sulla linea a destra.

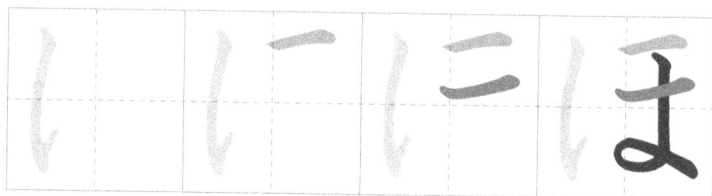

SCRIVI
Prima di tutto, traccia le forme nelle celle sottostanti.

PRATICA
Ora esercitati a disegnare questo carattere nelle celle più piccole.

ま ま **ma**

Pronunciato come il 'ma' in macchina.

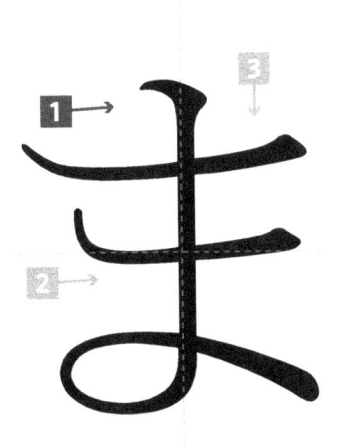

IMPARA Disegnato con tre tratti; stop, stop, looping stop.

Inizia a disegnare questo kana con linee orizzontali parallele, entrambe disegnate da sinistra a destra. Il primo dovrebbe essere un po' più lungo del secondo. Il terzo segno inizia dall'alto, taglia i primi due tratti e termina con un anello in basso. La chiave per disegnare con precisione questo kana sta nel non fare i primi tratti troppo lunghi, ma comunque un po' più larghi del ciclo alla fine.

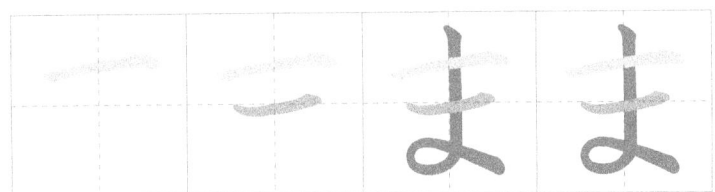

SCRIVI

Prima di tutto, traccia le forme nelle celle sottostanti.

PRATICA

Ora esercitati a disegnare questo carattere nelle celle più piccole.

み み **mi**

Pronunciato come il 'mi' in minuto.

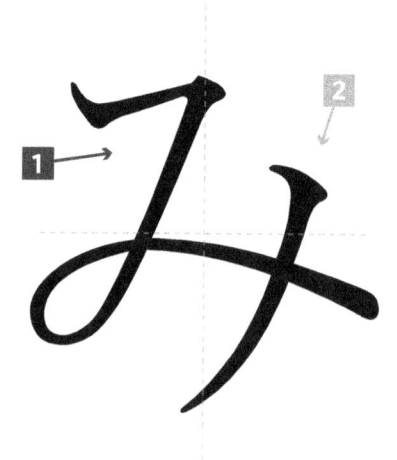

IMPARA Disegnato con due tratti; long looping stop, e un fade.

Inizia il tuo primo tratto con una breve linea orizzontale, quindi sposta la penna verso il basso e verso sinistra. Senza rimuovere la penna dalla pagina, fai un cappio in basso e termina il tratto con un arco a destra. Il tuo secondo tratto è una curva, che si sposta verso il basso e verso sinistra e taglia l'arco dal primo tratto. Scorri la penna dalla pagina per sfumare questo tratto verso la fine.

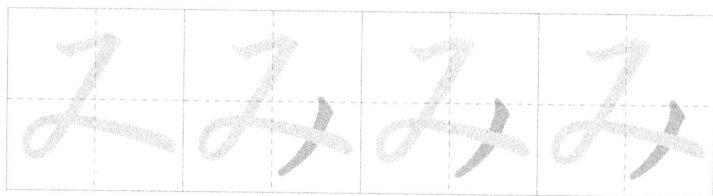

SCRIVI   Prima di tutto, traccia le forme nelle celle sottostanti.

PRATICA   Ora esercitati a disegnare questo carattere nelle celle più piccole.

む む mu

Pronunciato come il 'mu' in musica.

Disegna questo kana con tre tratti; stop, looping fade, stop.

Iniziamo a disegnare questo kana in modo simile a す, con una linea orizzontale sul lato sinistro della cella. Il secondo segno inizia in alto e viene disegnato verso il basso, attraverso il primo tratto, quindi forma un anello sotto il centro. Tenendo la penna sulla carta dopo il ciclo, disegna verso il basso, verso destra e poi verso l'alto. Fermati prima di andare in alto come il primo tratto. Termina con una linea corta e obliqua.

SCRIVI

Prima di tutto, traccia le forme nelle celle sottostanti.

PRATICA

Ora esercitati a disegnare questo carattere nelle celle più piccole.

め め **me**

Pronunciato come 'meh' simile al 'me' in mentre.

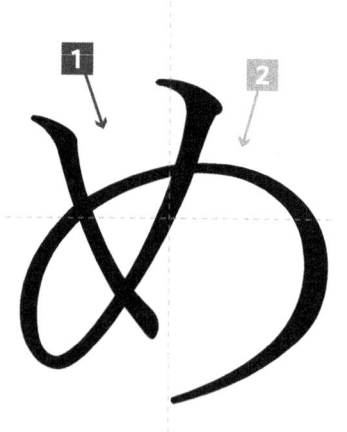

IMPARA   Questo kana viene disegnato con due tratti; stop, long fade.

Lo scriviamo in modo simile a ぬ, tranne che senza un ciclo alla fine. Per prima cosa, disegna la linea diagonale curva verso il basso e verso destra. Il secondo tratto inizia ad un'altezza simile al primo, ma curvo in modo opposto. Continua questo tratto con un ampio movimento circolare, ma alla fine fai scorrere la penna dalla carta. Cerca di abbinare gli spazi tra le righe per creare un carattere accurato.

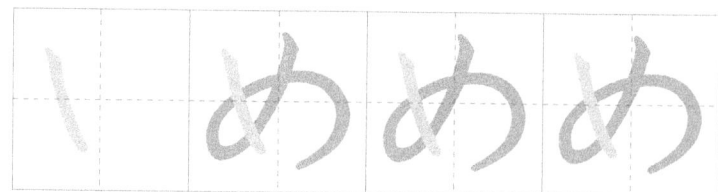

SCRIVI   Prima di tutto, traccia le forme nelle celle sottostanti.

PRATICA   Ora esercitati a disegnare questo carattere nelle celle più piccole.

も　も **mo**

Pronunciato come il 'mo' in profumo.

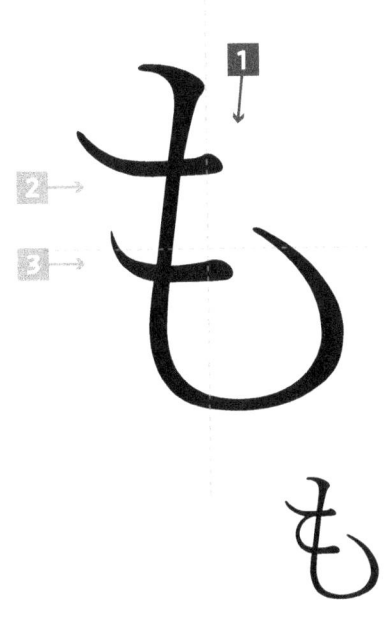

IMPARA Questo kana ha tre tratti; long fade, stop, stop.

Come con l'hiragana し, iniziamo disegnando la forma di un amo da pesca e finiamo con un movimento della penna mentre si curva. Il secondo e il terzo tratto sono due linee orizzontali parallele che tagliano il primo tratto. Questo personaggio può anche essere visto con il secondo e il terzo tratto collegati in alcuni caratteri, mostrati nell'immagine più piccola a sinistra.

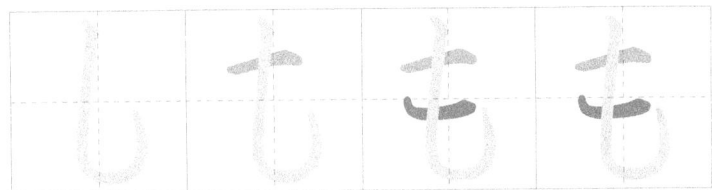

SCRIVI

Prima di tutto, traccia le forme nelle celle sottostanti.

PRATICA

Ora esercitati a disegnare questo carattere nelle celle più piccole.

 ya

Pronunciato come il 'ya' in yahoo.

Disegna questo kana con tre tratti; fade, jump, stop.

Il tuo primo tratto inizia come una linea diagonale poco profonda verso l'alto e verso destra, prima di curvare indietro. Il secondo tratto è una breve linea in alto vicino al centro. Il terzo e ultimo segno è una linea diagonale più lunga da in alto a sinistra a in basso a destra - dovrebbe intersecarsi con il primo tratto a circa un terzo del percorso da sinistra. Visto anche con i tratti 2 e 3 collegati, mostrato nell'immagine più piccola a sinistra.

Prima di tutto, traccia le forme nelle celle sottostanti.

Ora esercitati a disegnare questo carattere nelle celle più piccole.

ゆ　ゆ　yu

　Pronunciato come la 'iu' in fiume.

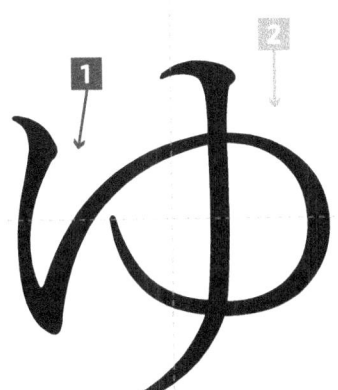

IMPARA　Questo kana viene disegnato con due tratti: fade, fade.

Inizia con una linea leggermente curva verso il basso prima di risalire leggermente. Senza togliere la penna dalla pagina, prosegui disegnando una grande curva che quasi si chiude a cerchio su se stessa. Il tuo secondo tratto è una linea verticale che curva in basso a sinistra, tagliando la grande curva del primo. Termina il tratto facendo scorrere la penna dal foglio per sfumarlo.

SCRIVI　　　　　　　　　　　Prima di tutto, traccia le forme nelle celle sottostanti.

PRATICA　　　　　Ora esercitati a disegnare questo carattere nelle celle più piccole.

 **yo**

Pronunciato come il 'yo' in yo-yo.

IMPARA

Questo kana viene disegnato con due tratti; jump fade, stop.

Il primo segno è una breve linea orizzontale, che parte dal centro e si sposta verso destra. Il tuo secondo tratto inizia come una linea verticale dal centro superiore della cella e viene disegnato verso il basso prima di terminare con un piccolo anello su sé stesso e fermarsi in basso a destra. Non muovere la penna qui, poiché questo è un segno di stop.

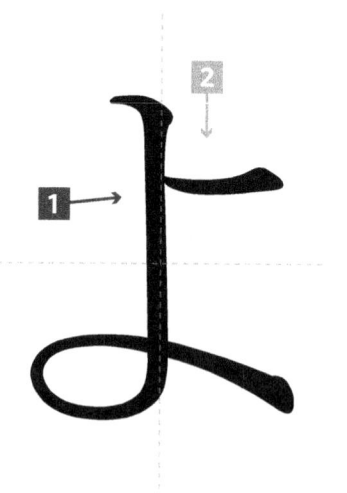

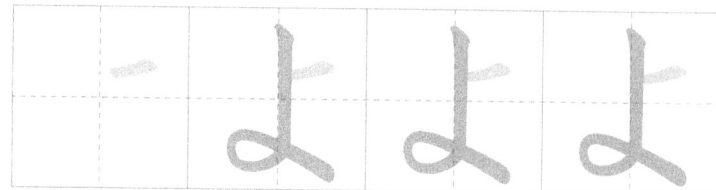

SCRIVI

Prima di tutto, traccia le forme nelle celle sottostanti.

PRATICA

Ora esercitati a disegnare questo carattere nelle celle più piccole.

ら　ら　**ra**

Pronunciato come il 'ra' in lettura.

Questo kana viene disegnato con due tratti: jump, fade.

Il primo tratto è una linea relativamente corta, realizzata con un angolo vicino alla parte superiore della cella. Quindi, in modo simile al disegno del numero 5, il segno successivo si sposta verticalmente verso il basso e poi verso destra in una grande curva. La curva dovrebbe spostarsi leggermente verso l'alto, prima di girarsi per tornare indietro e verso il basso. Termina con un gesto della penna. Questo carattere può anche essere visto come un'unica forma unita.

Prima di tutto, traccia le forme nelle celle sottostanti.

Ora esercitati a disegnare questo carattere nelle celle più piccole.

り り **ri**

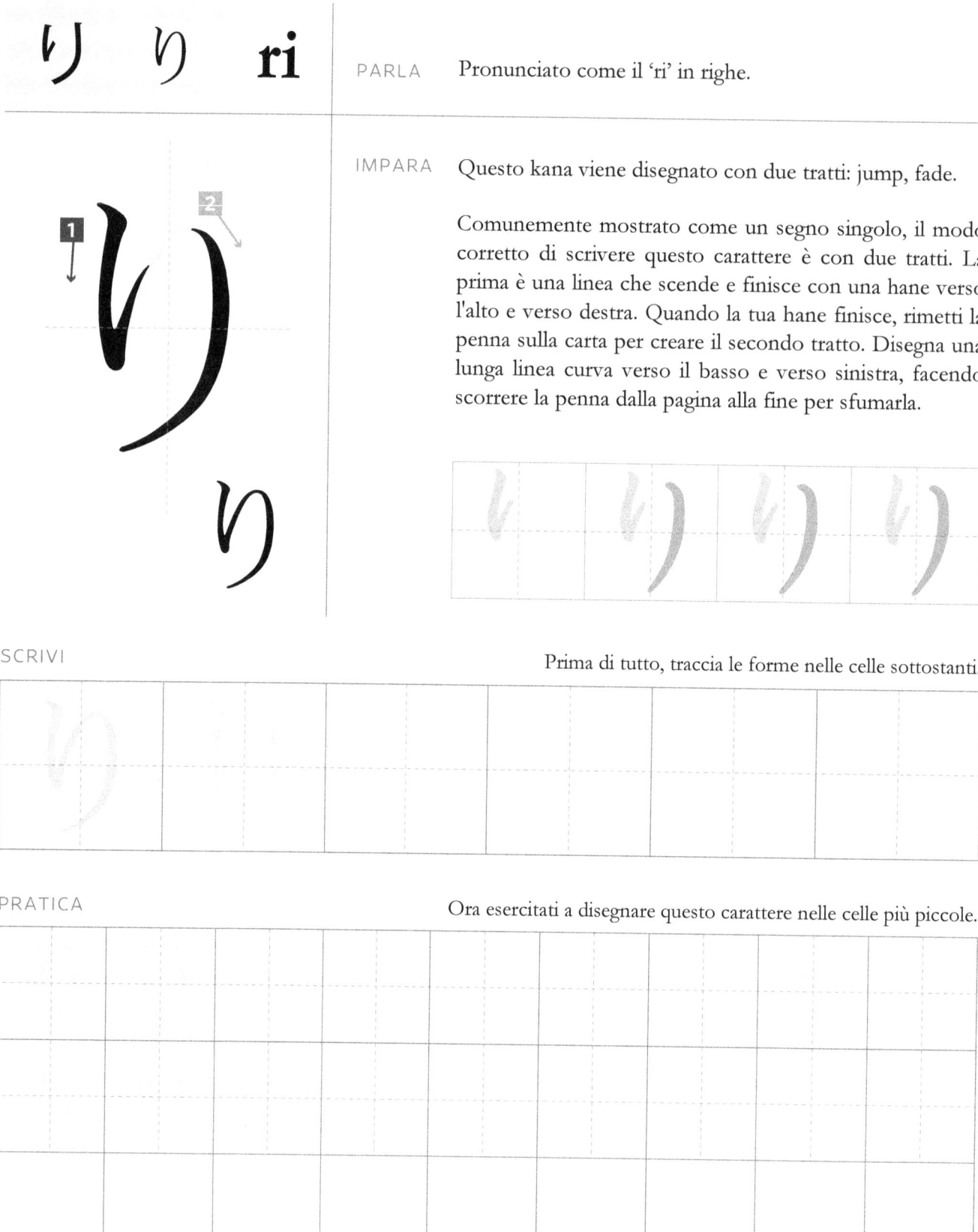

PARLA   Pronunciato come il 'ri' in righe.

IMPARA   Questo kana viene disegnato con due tratti: jump, fade.

Comunemente mostrato come un segno singolo, il modo corretto di scrivere questo carattere è con due tratti. La prima è una linea che scende e finisce con una hane verso l'alto e verso destra. Quando la tua hane finisce, rimetti la penna sulla carta per creare il secondo tratto. Disegna una lunga linea curva verso il basso e verso sinistra, facendo scorrere la penna dalla pagina alla fine per sfumarla.

SCRIVI   Prima di tutto, traccia le forme nelle celle sottostanti.

PRATICA   Ora esercitati a disegnare questo carattere nelle celle più piccole.

る　る **ru**

Pronunciato come il 'ru' in ruggito.

Questo viene disegnato con un solo tratto; un stop lungo curvato a zigzag.

Questo carattere a tratto singolo inizia con una piccola linea orizzontale da sinistra a destra, prima di girare e spostarsi verso il basso a sinistra con un segno più lungo. Senza sollevare la penna, torna indietro un po'e quindi crea un grande anello circolare, con un altro anello molto più piccolo all'estremità. Il loop più piccolo non dovrebbe passare sopra o oltre la tua linea, ma invece finire sopra di essa.

Prima di tutto, traccia le forme nelle celle sottostanti.

Ora esercitati a disegnare questo carattere nelle celle più piccole.

れ れ **re**

Pronunciato come 're' in rete.

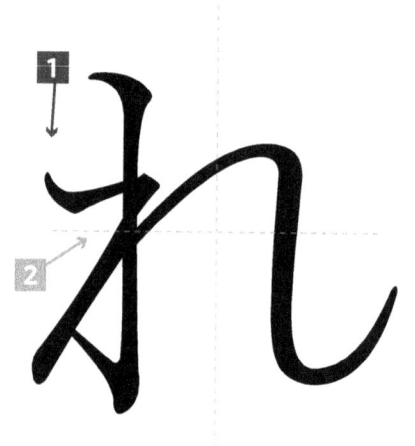

IMPARA   Disegnato con due tratti; un stop, poi un fade a zig-zag.

Iniziando con una linea verticale dall'alto verso il basso, questo kana è realizzato con solo due tratti. Il secondo inizia con una linea orizzontale abbastanza corta che attraversa la prima, prima di andare in diagonale verso il basso e a sinistra, attraversando ancora una volta la linea verticale. Senza sollevare la penna, torna indietro verso l'alto, quindi disegna una forma d'onda alta a destra. In alto, disegnato verso il basso e curva verso l'esterno e verso l'alto a destra, terminando con un tratto.

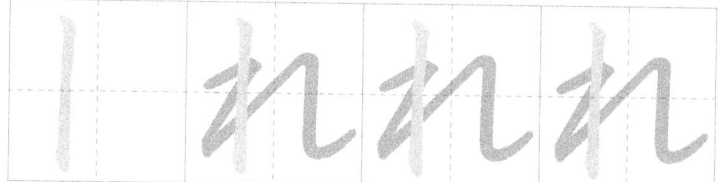

SCRIVI   Prima di tutto, traccia le forme nelle celle sottostanti.

PRATICA   Ora esercitati a disegnare questo carattere nelle celle più piccole.

ろ ろ **ro**

Pronunciato come il 'ro' in lavaro.

Questo kana viene disegnato con un tratto: fade a zig-zag.

Scriviamo ろ più o meno allo stesso modo come scriviamo る, tranne che senza un ciclo alla fine. Inizia con una linea corta orizzontale abbastanza corta da sinistra a destra e prosegui con una linea diagonale in basso e di nuovo a sinistra. Traccia un po' indietro verso l'alto e poi termina il tratto facendo la grande curva verso destra e indietro - tutto in un'unica azione fluida, che termina con un tratto dalla pagina.

SCRIVI

Prima di tutto, traccia le forme nelle celle sottostanti.

PRATICA

Ora esercitati a disegnare questo carattere nelle celle più piccole.

わ わ **wa**

Pronunciato come il 'ua' in quaglia.

Questo kana viene disegnato con due tratti; stop, fade a zig-zag.

Inizia con il segno verticale dall'alto verso il basso, a sinistra del centro e termina con una hane in alto e a sinistra. La tua seconda linea attraversa il primo tratto e poi si sposta in diagonale verso il basso a sinistra e taglia di nuovo il primo. Completa questo tratto disegnando la grande curva verso destra e indietro, sfumandola alla fine con un tocco.

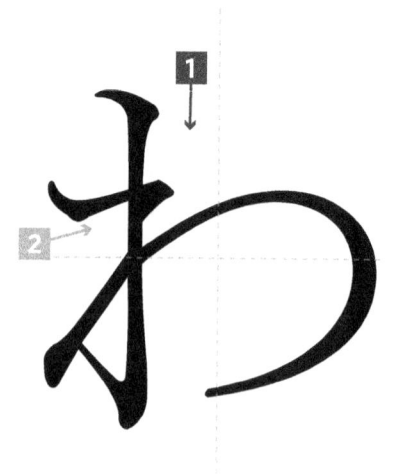

SCRIVI

Prima di tutto, traccia le forme nelle celle sottostanti.

PRATICA

Ora esercitati a disegnare questo carattere nelle celle più piccole.

58

を を **wo***

PARLA Pronunciato come il 'uo' in duomo.

* Kana non comune usato come particella.

IMPARA Disegnato con tre tratti; tutti i tratti sono stop.

Il tuo primo tratto è una linea orizzontale da sinistra a destra. La seconda inizia come una linea diagonale che attraversa il primo tratto, prima di girare su e giù. Dovrebbe terminare in un punto più basso rispetto al punto in cui la penna era girata prima. La terza linea è una curva che inizia dal lato destro, sopra la linea centrale, e taglia fino alla fine del secondo tratto. Ritorna in basso a destra della cella, terminando con uno stop.

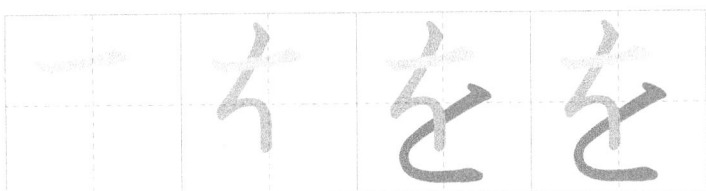

SCRIVI

Prima di tutto, traccia le forme nelle celle sottostanti.

PRATICA

Ora esercitati a disegnare questo carattere nelle celle più piccole.

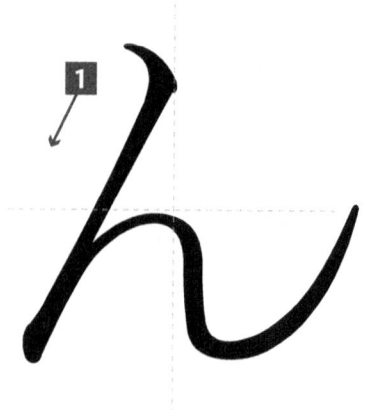 ん ん **n**

Pronunciato come il suono della lettera 'n' in nave.

Questo kana viene disegnato con un tratto: long fade.

Questo carattere viene creato con un solo tratto. Inizia con una linea diagonale dall'area centrale in alto, in basso a sinistra. Senza sollevare la penna, torna un po' indietro verso l'alto prima di creare una forma d'onda: termina questo tratto e carattere facendo scorrere la penna dalla pagina per sfumare il tratto intorno all'area della linea centrale.

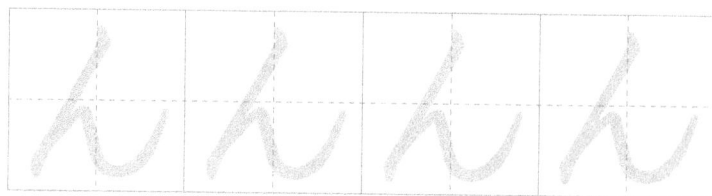

SCRIVI

Prima di tutto, traccia le forme nelle celle sottostanti.

PRATICA

Ora esercitati a disegnare questo carattere nelle celle più piccole.

Parte 4

GRAFICI KATAKANA E REGOLE DI BASE

Questo grafico mostra i 46 Katakana di base con **un'ortografia** in Romaji per un suono fonetico simile. I suoni vocalici sono in alto e le loro versioni controparti con suoni consonantici sono mostrate sotto di loro. **fai attenzione all'eccezione 'n' - anche, *wo è un kana non comune.*

Suoni di vocali

	a	i	u	e	o
	ア a	イ i	ウ u	エ e	オ o
k	カ ka	キ ki	ク ku	ケ ke	コ ko
s	サ sa	シ shi	ス su	セ se	ソ so
t	タ ta	チ chi	ツ tsu	テ te	ト to
n	ナ na	ニ ni	ヌ nu	ネ ne	ノ no
h	ハ ha	ヒ hi	フ fu	ヘ he	ホ ho
m	マ ma	ミ mi	ム mu	メ me	モ mo
y	ヤ ya		ユ yu		ヨ yo
r	ラ ra	リ ri	ル ru	レ re	ロ ro
w	ワ wa		ン **n		ヲ *wo

Consonanti

DIACRITICI

Come con l'Hiragana, esistono 25 simboli Diacriti in **Katakana**. Sono usati allo stesso modo, per mostrare quando sillabe dal suono simile devono essere espresse in modo diverso. Ancora più conveniente, i segni per mostrare questo cambiamento nel suono sono identici:

Base   con Dakuten   con Handakuten

Le regole per i simboli diacritici Katakana funzionano allo stesso modo. *Dakuten* e *Handakuten* ci mostrano che la parte consonante del suono deve essere cambiata quando viene pronunciata:

- il suono-**k** viene pronunciato con un suono-**g**.
- i suoni-**s** cambiano in suoni-**z** *(ad eccezione di し)*.
- i suoni-**t** diventano suoni-**d**.
- i suoni-**h** diventano suoni-**b** con *Dakuten*.
  ...oppure suoni-P con *Handakuten*

		a	i	u	e	o
k ▶ g		ガ ga	ギ gi	グ gu	ゲ ge	ゴ go
s ▶ z		ザ za	ジ ji	ズ zu	ゼ ze	ゾ zo
t ▶ d		ダ da	ヂ dzi (ji)	ヅ dzu	デ de	ド do
h ▶ b		バ ba	ビ bi	ブ bu	ベ be	ボ bo
h ▶ p		パ pa	ピ pi	プ pu	ペ pe	ポ po

DIGRAFI

Ecco anche i digrafi per **Katakana**: ancora una volta, usiamo due caratteri di base per mostrare dove due suoni di sillabe sono combinati per crearne un altro. *Facile, no?*

$$キ + ヤ = キャ$$

(ki)　(ya)　(kya)

I caratteri usati hanno gli stessi suoni dei due Hiragana corrispondenti. L'importanza di scrivere il secondo simbolo più piccolo del primo vale ancora.

La pronuncia di questi suoni *composti* Katakana è altrettanto semplice - per esempio, キ (ki) + ヤ (ya) diventa キャ (kya) e viene pronunciata come 'kiya' *senza il suono della lettera 'i'*.

Questa tabella sembra complessa, ma ricorda che i Digrafi sono realizzati **esclusivamente** con le lettere dalla colonna イ /i *(esclusa)* e modificata dalle lettere dalla riga Y!

キャ	キュ	キョ	ギャ	ギュ	ギョ
kya	kyu	kyo	gya	gyu	gyo
シャ	シュ	ショ	ジャ	ジュ	ジョ
sha	shu	sho	ja	ju	jo
チャ	チュ	チョ	ニャ	ニュ	ニョ
cha	chu	cho	nya	nyu	nyo
ニャ	ヒュ	ヒョ	ビャ	ビュ	ビョ
hya	hyu	hyo	bya	byu	byo
ピャ	ピュ	ピョ	リャ	リュ	リョ
pya	pyu	pyo	rya	ryu	ryo
ミャ	ミュ	ミョ			
mya	myu	myo			

DOPPIE CONSONANTI

Anche le parole Giapponesi in Katakana possono contenere un suono a doppia consonante. Queste parole caratterizzano anche il piccolo ツ /tsu *(chiamato sokuon)* per mostrare che dovrebbe essere pronunciato in modo diverso. Diamo un'occhiata a un altro esempio per Katakana:

ペット

(pe t to)

petto

Senza il piccolo ツ *(tsu)*, la parola ペト *(peto)* non ha alcun significato, ma ペット *(petto)*, con il *sokuon*, significa *animale domestico* - come un criceto o un gatto!

Notare che il piccolo ツ viene messo **prima** del carattere. Quando vedi le parole con questo modificatore, la parte consonante del simbolo che lo segue *(in questo esempio, la lettera 't' in 'to')* viene aggiunto alla fine del suono.

Entrambe le consonanti devono essere ascoltate separatamente quando la parola viene pronunciata, come dire: **'pet-to'** ma senza lasciare un vuoto che può essere ascoltato

SUONI VOCALICI ALLUNGATI

Dobbiamo essere consapevoli anche dei suoni vocalici allungati *(ad esempio. aa, ii. oo, ee, e uu)*. Quando viene parlato, la durata del suono viene estesa (di solito il doppio) ma quando viene scritto in Katakana usiamo una linea ー (chiamata 伸ばし棒, la quale letteralmente significa "barra di stretching").

Questo è un modo in cui Katakana differisce dall'Hiragana, a parte le forme, poiché utilizza un simbolo vocale aggiuntivo per denotare un suono vocale allungato. Diamo un'occhiata ad alcuni esempi:

フ+リ = フリー   ケ+キ = ケーキ

(fu) (ri)—   fu-rii *(gratis)*   (ke)— (ki)   kee-ki *(torta)*

Bisogna notare che la "barra di stretching" viene ruotata su una linea verticale quando il testo viene scritto verticalmente.

Parte 5

IMPARA A SCRIVERE KATAKANA

ア ア **a**

Pronunciata come la 'a' in aprirsi.

Questo kana viene disegnato con due tratti fade.

Il primo tratto inizia come una linea orizzontale da sinistra prima di fare una brusca virata indietro e verso il centro. Inizia il tuo secondo tratto alla fine del primo, curvando la penna verso il basso e verso sinistra. Il secondo tratto svanisce quando si avvicina alla parte inferiore sinistra della cella.

SCRIVI

Prima di tutto, traccia le forme nelle celle sottostanti.

PRATICA

Ora esercitati a disegnare questo carattere nelle celle più piccole.

イ イ i

Pronunciato come la 'i' in piccolo.

Questo kana viene disegnato con due tratti: un fade e un stop.

Il tuo primo segno è una linea diagonale leggermente curva, che inizia in alto in alto a destra della cella e si dissolve in basso a sinistra. Il prossimo tratto inizia intorno al centro del tuo primo tratto, appena a destra del centro, spostandosi verso il basso fino a fermarsi vicino al fondo.

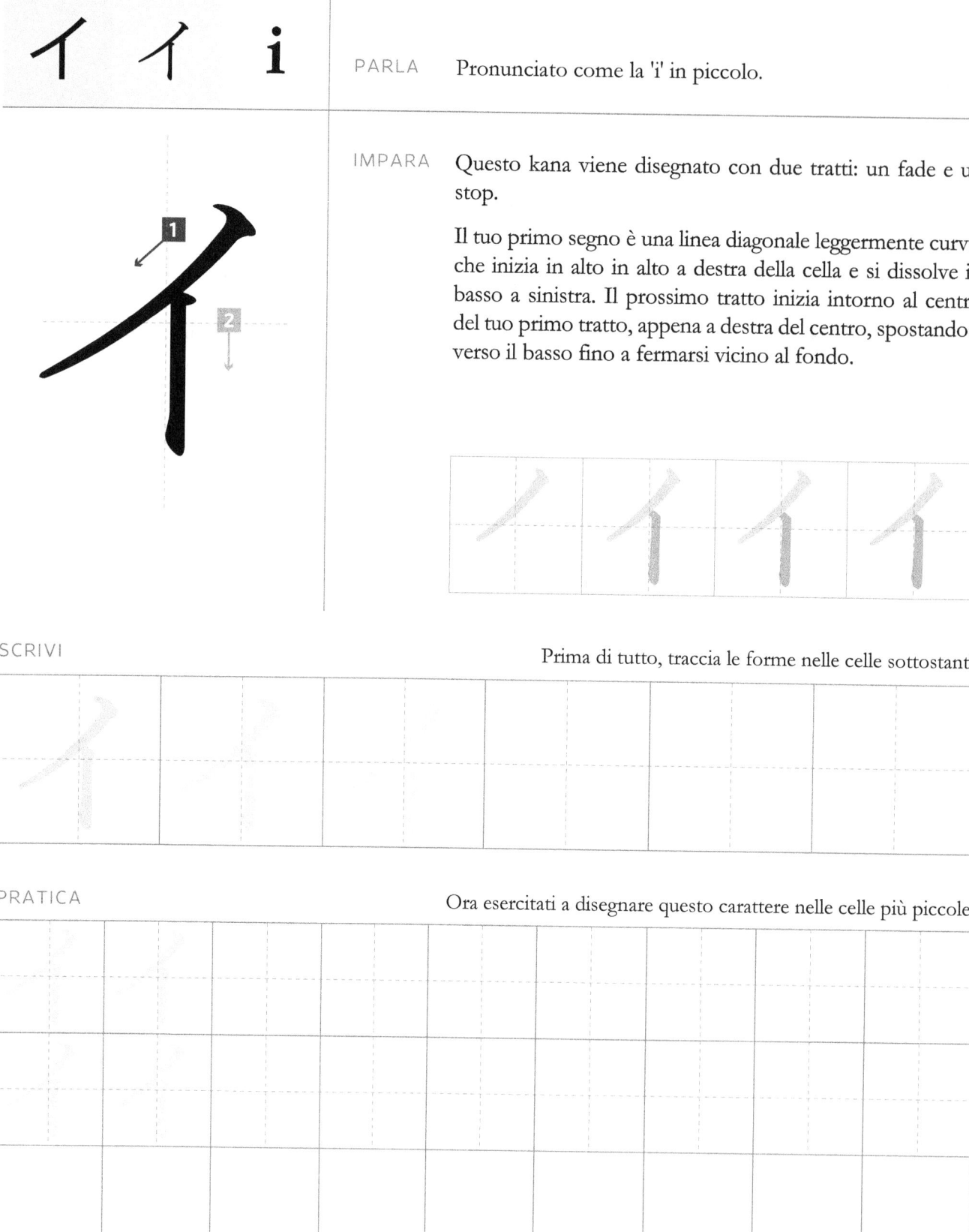

SCRIVI

Prima di tutto, traccia le forme nelle celle sottostanti.

PRATICA

Ora esercitati a disegnare questo carattere nelle celle più piccole.

ウ ウ u

Pronunciato come la 'u' in uno.

Questo kana viene disegnato con tre tratti; stop, stop, fade.

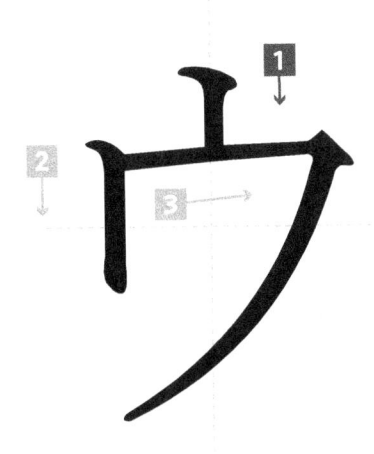

Fai il primo segno verticale con una breve corsa di arresto nell'area centrale superiore. Il secondo segno di stop breve è un'altra linea verticale a sinistra del primo e un po' più in basso. Il tuo segno finale inizia dove è iniziato il tuo secondo. Spostando la penna orizzontalmente da sinistra a destra, tocca la fine del primo tratto e poi, a destra della cella, fai una brusca virata verso il basso e a sinistra in una curva in dissolvenza.

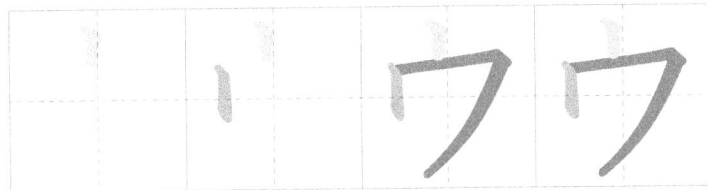

SCRIVI   Prima di tutto, traccia le forme nelle celle sottostanti.

PRATICA   Ora esercitati a disegnare questo carattere nelle celle più piccole.

エ エ e

PARLA   Pronunciato come il 'e' in evento.

IMPARA   Questo kana viene disegnato con tre tratti: tutti sono stop.

Inizia con la linea orizzontale al centro nella parte superiore della cella. Il tuo secondo segno inizia a metà del primo, disegnato lungo la linea centrale. Il tratto finale è un'altra linea orizzontale, da sinistra a destra, che passa attraverso la fine del secondo segno al centro. Per assicurarti che la tua scrittura abbia un buon equilibrio, il tuo segno finale dovrebbe essere più ampio del primo.

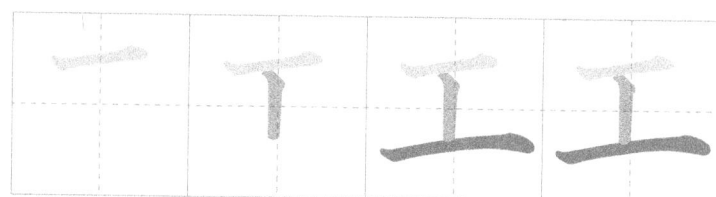

SCRIVI

Prima di tutto, traccia le forme nelle celle sottostanti.

PRATICA

Ora esercitati a disegnare questo carattere nelle celle più piccole.

オ オ **o**

Pronunciato come la 'o' in occhio.

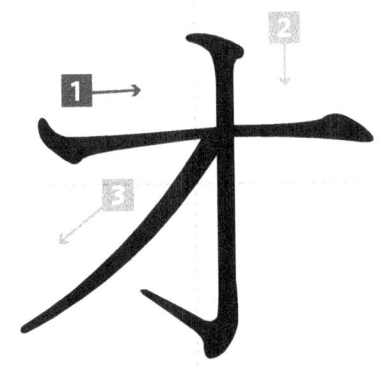

IMPARA Questo kana contiene tre tratti; stop, jump fade, e fade.

Inizia disegnando una lunga linea orizzontale da sinistra a destra. Il tuo secondo tratto è una linea verticale che si interseca con la prima a circa un terzo dal lato destro. Termina il secondo tratto sfogliando la penna dalla pagina (questo si chiama hane). Il tuo tratto finale inizia all'intersezione dei tratti 1 e 2, e curva verso il basso e verso sinistra con una dissolvenza - non dovrebbe estendersi più in basso del secondo tratto.

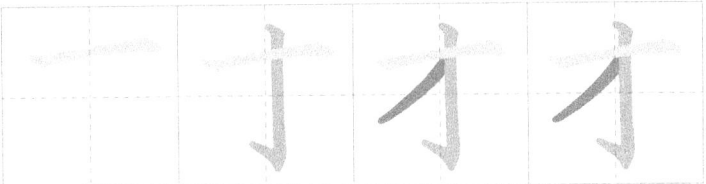

SCRIVI Prima di tutto, traccia le forme nelle celle sottostanti.

PRATICA Ora esercitati a disegnare questo carattere nelle celle più piccole.

カ カ ka

Pronunciato come la 'ca' in cantare.

IMPARA Questo kana viene disegnato con due tratti; jump fade, stop.

Questa è una versione angolare di hiragana か e inizia con una linea orizzontale leggermente inclinata che gira bruscamente verso il basso. La parte verso il basso dovrebbe avere una leggera curva all'indietro e in diagonale a sinistra. Termina questo tratto con una freccia sfogliando la penna dal foglio. Il tuo secondo tratto è una linea diagonale verso il basso, con una curva a sinistra e in alto.

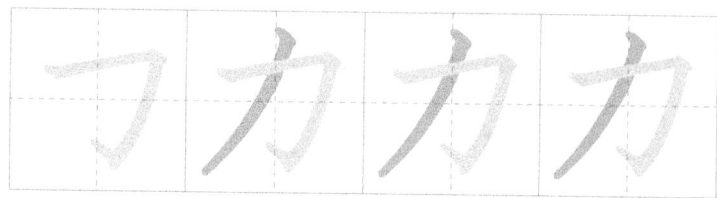

SCRIVI   Prima di tutto, traccia le forme nelle celle sottostanti.

PRATICA   Ora esercitati a disegnare questo carattere nelle celle più piccole.

キ キ **ki**

Pronunciato come il 'chi' in chiamare.

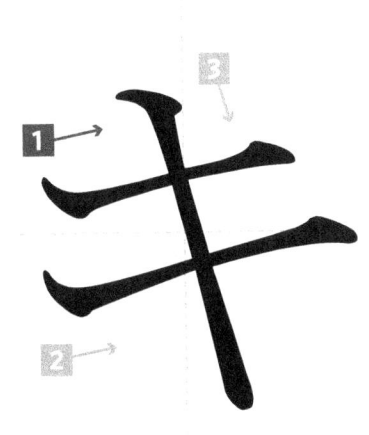

IMPARA Disegnato con tre tratti; stop, stop, e stop.

Noterai che questo Katakana è anche molto simile alla controparte Hiragana: i tratti 1 e 2 sono linee diagonali parallele da sinistra a destra, verso l'alto, il secondo leggermente più lungo del primo. Il tuo voto finale è semplicemente un'altra linea diagonale retta, da in alto a sinistra a in basso a destra. Dovrebbe tagliare grossolanamente la parte centrale dei tuoi primi due tratti.

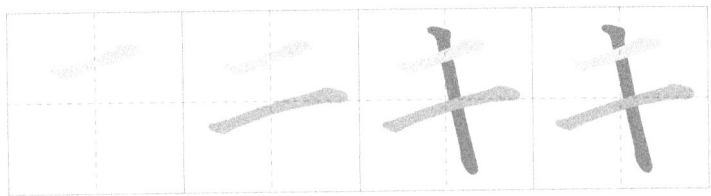

SCRIVI   Prima di tutto, traccia le forme nelle celle sottostanti.

PRATICA   Ora esercitati a disegnare questo carattere nelle celle più piccole.

73

ク ク **ku**

Pronunciato come il 'cu' in cucina.

Questo kana viene disegnato con due tratti: entrambi sono fade.

Inizia con la prima linea diagonale curva dal centro superiore, verso il basso e verso sinistra. Inizia il tuo secondo tratto più o meno nello stesso punto del primo. Inizia con un segno orizzontale molto più corto del precedente kana, prima di una brusca svolta e in un'altra curva diagonale molto più lunga verso il basso e verso sinistra. Esercitati a far scorrere le due parti diagonali parallelamente l'una all'altra per una scrittura più chiara!

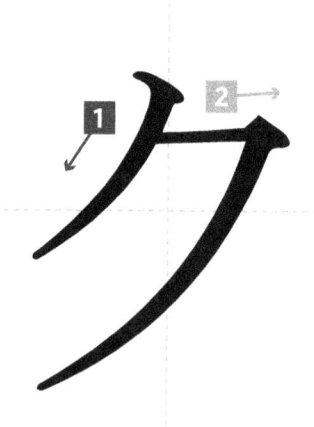

SCRIVI

Prima di tutto, traccia le forme nelle celle sottostanti.

PRATICA

Ora esercitati a disegnare questo carattere nelle celle più piccole.

ケ ケ **ke**

Pronunciato come la 'che' in chela.

Questo kana contiene tre tratti: fade, stop, fade.

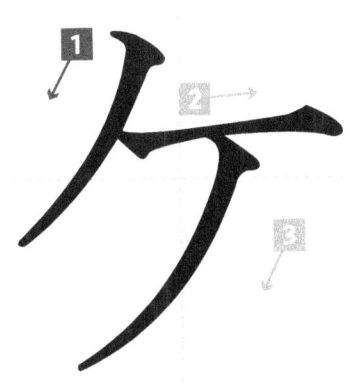

Partendo in modo simile al precedente katakana ク, traccia la prima linea diagonale e termina con una dissolvenza riducendo la pressione e sollevando delicatamente la penna. Il secondo segno inizia dal centro della prima riga questa volta ed è solo una linea orizzontale più lunga che si ferma. Inizia il terzo tratto dal punto medio della seconda linea e sposta la penna in una curva verso il basso e verso sinistra con una dissolvenza - parallela alla prima.

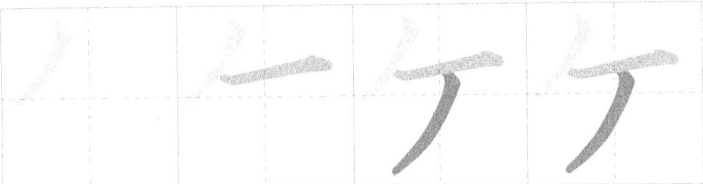

SCRIVI

Prima di tutto, traccia le forme nelle celle sottostanti.

PRATICA

Ora esercitati a disegnare questo carattere nelle celle più piccole.

コ コ **ko**

Pronunciato come il 'co' in cometa.

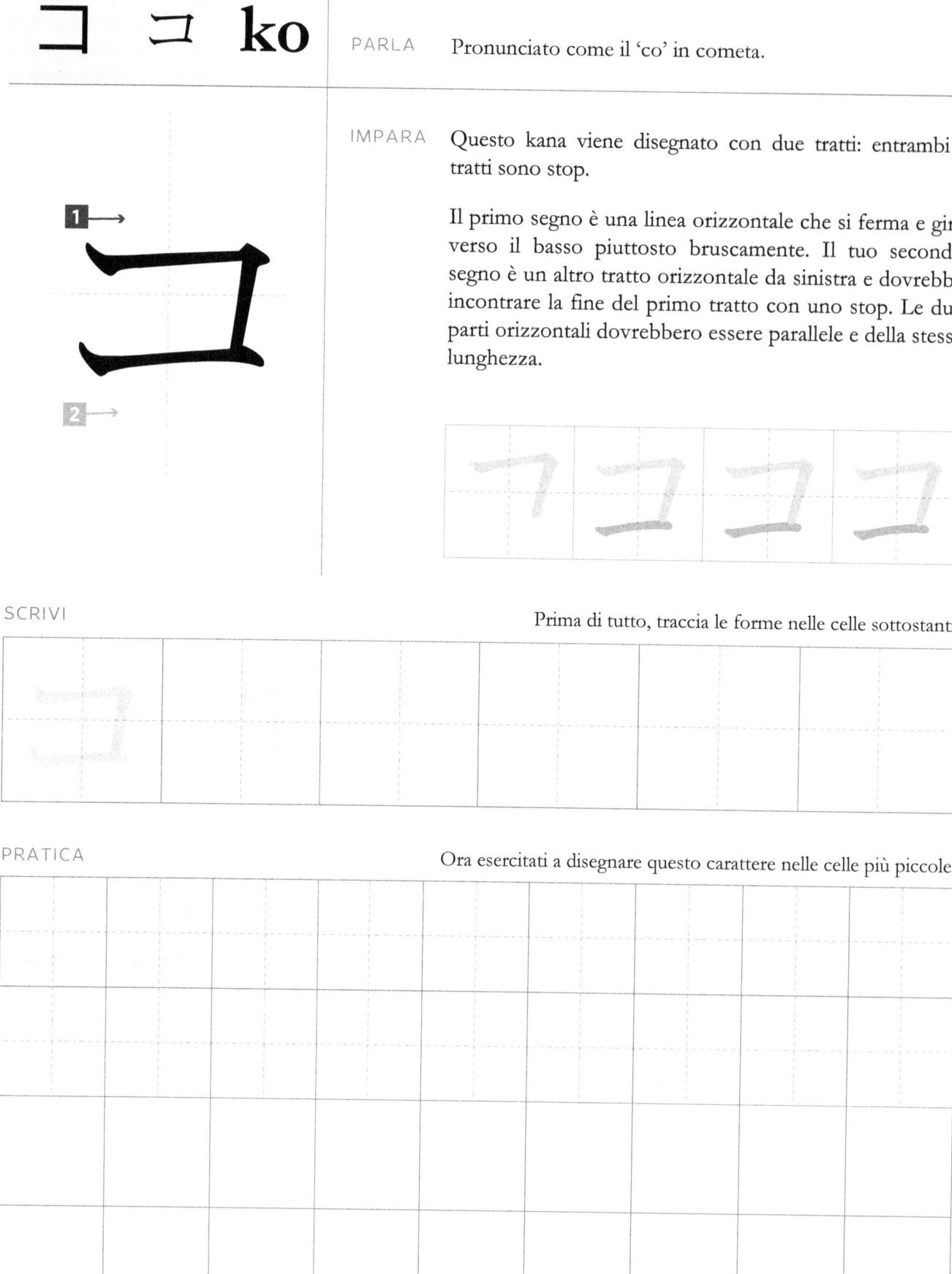

IMPARA   Questo kana viene disegnato con due tratti: entrambi i tratti sono stop.

Il primo segno è una linea orizzontale che si ferma e gira verso il basso piuttosto bruscamente. Il tuo secondo segno è un altro tratto orizzontale da sinistra e dovrebbe incontrare la fine del primo tratto con uno stop. Le due parti orizzontali dovrebbero essere parallele e della stessa lunghezza.

SCRIVI   Prima di tutto, traccia le forme nelle celle sottostanti.

PRATICA   Ora esercitati a disegnare questo carattere nelle celle più piccole.

サ サ **sa**

Pronunciato come il 'sa' in sardine.

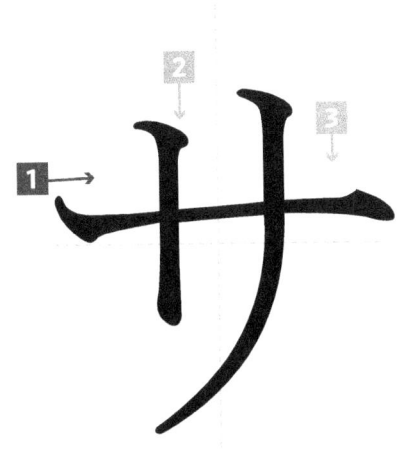

IMPARA — Questo kana viene disegnato con tre tratti: stop, stop, fade.

Inizia questo kana con una lunga linea orizzontale. La tua seconda linea taglia la prima a circa un terzo da sinistra, tracciata verso il basso fino a fermarsi. Il terzo tratto è una linea curva più lunga che taglia il primo, circa un terzo della lunghezza da destra. Inizia come una linea verticale prima dell'intersezione, ma curva a sinistra dopo aver attraversato il primo tratto.

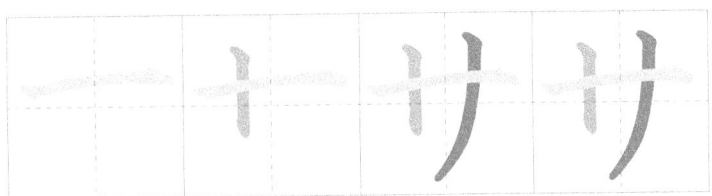

SCRIVI — Prima di tutto, traccia le forme nelle celle sottostanti.

PRATICA — Ora esercitati a disegnare questo carattere nelle celle più piccole.

シ シ **shi**

Pronunciato come il 'sci' in sciro.

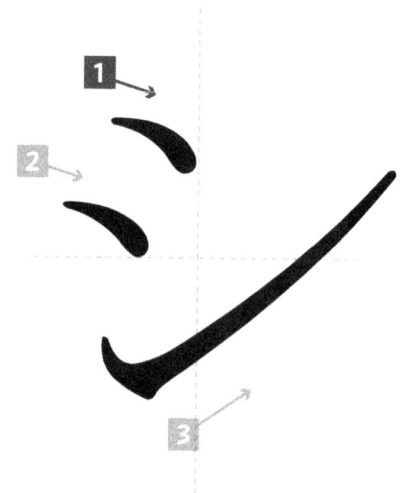

IMPARA   Disegna questo kana con tre tratti; stop, stop, fade.

Il primo e il secondo tratto sono segni di stop brevi, eseguiti in parallelo e con una leggera angolazione verso il basso. Il terzo tratto inizia nell'area in basso a sinistra, sotto i primi tratti, e si curva verso l'alto e verso destra. Dovresti prestare particolare attenzione alla spaziatura dei tre tratti e ai punti da cui iniziano. Più avanti vedremo alcuni caratteri dall'aspetto molto simile.

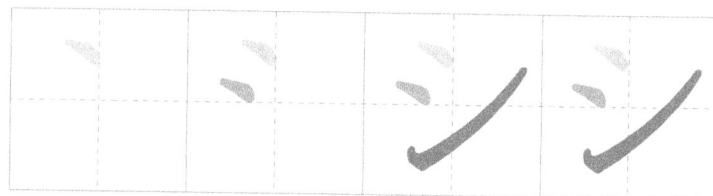

SCRIVI   Prima di tutto, traccia le forme nelle celle sottostanti.

PRATICA   Ora esercitati a disegnare questo carattere nelle celle più piccole.

ス ス **su**

Pronunciato come il 'su' in supermercato.

IMPARA   Questo kana ha due tratti: un long fade, e un stop.

Questo carattere inizia con un tratto che abbiamo fatto nel kana precedente. Inizia con una linea orizzontale da sinistra a destra prima di quella svolta brusca in una curva, spostandosi in basso e indietro a sinistra in una dissolvenza. Il tuo secondo segno è una corsa di arresto relativamente breve e inizia intorno al punto medio della curva dal primo tratto.

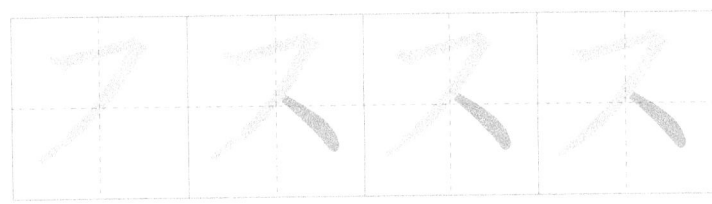

SCRIVI   Prima di tutto, traccia le forme nelle celle sottostanti.

PRATICA   Ora esercitati a disegnare questo carattere nelle celle più piccole.

セ セ **se**

Pronunciato come il 'se' in segale.

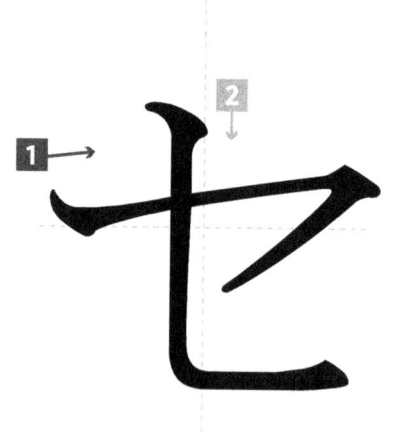

IMPARA Questo kana viene disegnato con due tratti: un fade e un stop.

Inizia il primo tratto con una linea inclinata relativamente lunga da sinistra a destra. Quando ti avvicini al lato destro, si trasforma in una breve dissolvenza verso il basso e verso sinistra, ma non così bruscamente come gli altri kana. Il tuo secondo segno inizia come una linea verticale diritta, tracciata dall'alto e poi dolcemente spazzata a destra, vicino al fondo della cella.

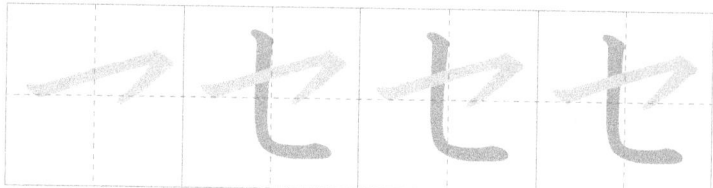

SCRIVI   Prima di tutto, traccia le forme nelle celle sottostanti.

PRATICA   Ora esercitati a disegnare questo carattere nelle celle più piccole.

ソ ソ **SO**

Pronunciato come la 'so' in dorso.

Questo kana viene creato con due tratti: short stop, fade.

Inizia con una corsa di arresto breve e angolata in alto a sinistra. Questo segno dovrebbe essere fatto con un angolo abbastanza ripido, ma tanto da sembrare una linea verticale. Ancora una volta, il secondo tratto viene eseguito con una lunga curva in dissolvenza verso il basso e verso sinistra. Il punto di partenza per il tuo secondo tratto dovrebbe essere all'altezza del primo.

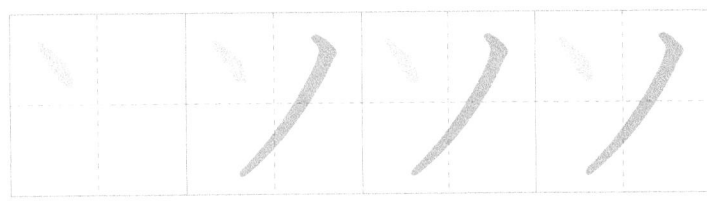

SCRIVI   Prima di tutto, traccia le forme nelle celle sottostanti.

PRATICA   Ora esercitati a disegnare questo carattere nelle celle più piccole.

夕 夕 **ta**

Pronunciato come il 'ta' in tardi.

Questo kana viene disegnato con tre tratti; fade, fade, stop.

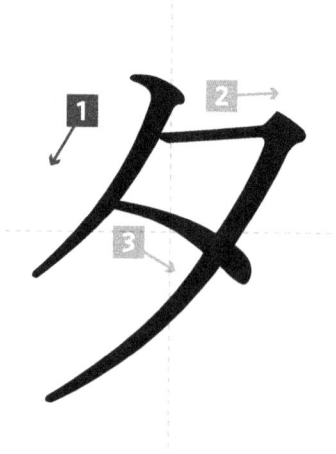

Un altro kana con alcune forme ormai familiari. In modo simile a ク e ケ, il tuo primo tratto è una curva diagonale in dissolvenza dal centro in alto a sinistra in basso. Il secondo tratto inizia con una linea orizzontale dallo stesso punto iniziale del primo, curvando verso il basso a sinistra. Il tuo ultimo segno è una breve linea diagonale dalla metà del primo tratto. Taglia a metà il secondo tratto.

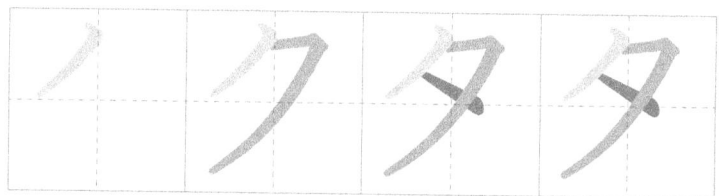

SCRIVI   Prima di tutto, traccia le forme nelle celle sottostanti.

PRATICA   Ora esercitati a disegnare questo carattere nelle celle più piccole.

チ チ **chi**

Pronunciato come il 'ci' in vicino.

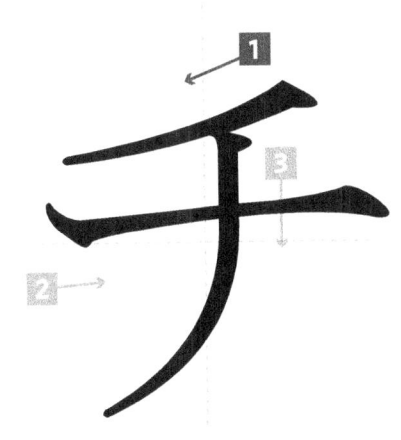

IMPARA   Questo kana viene disegnato con tre tratti; fade, stop, fade.

La tua prima linea è una curva poco profonda, in dissolvenza in alto a destra e leggermente in basso a sinistra. Il tratto numero 2 è una lunga linea orizzontale con uno stop. Il terzo tratto dovrebbe iniziare a metà della prima curva e intersecarsi con il secondo tratto, prima di curvare verso il basso e verso sinistra. Assicurati che la seconda linea sia più larga del primo tratto su entrambi i lati!

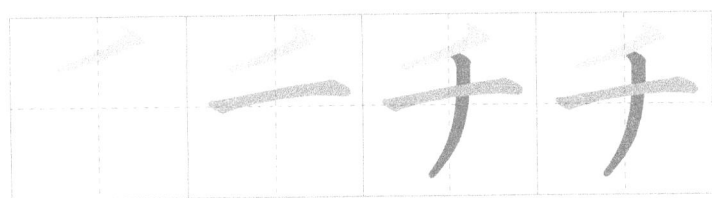

SCRIVI

Prima di tutto, traccia le forme nelle celle sottostanti.

PRATICA

Ora esercitati a disegnare questo carattere nelle celle più piccole.

ツ ツ **tsu**

Pronunciato come il 'tsu' in tsunami, con la 't' silenziosa.

Questo kana contiene tre tratti: due stop, e un fade.

Questo carattere è simile al Katakana シ ed entrambi i primi due tratti sono ancora una volta realizzati come due linee parallele e angolate. La terza linea è una curva ampia e in dissolvenza verso il basso a sinistra dall'angolo in alto a destra. Per gli stessi motivi, fai attenzione alla spaziatura dei punti iniziali per ogni tratto.

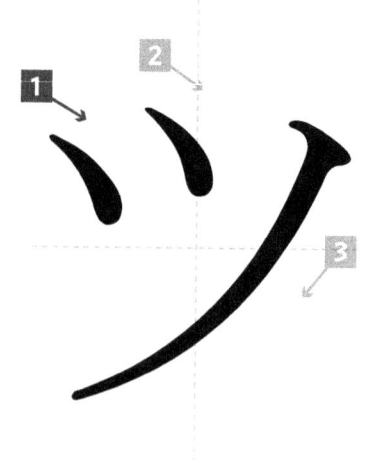

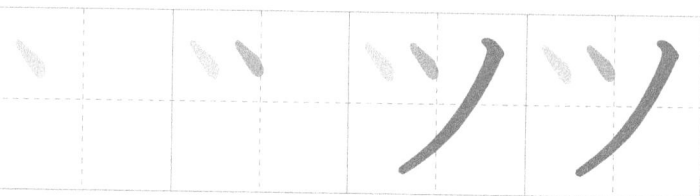

SCRIVI   Prima di tutto, traccia le forme nelle celle sottostanti.

PRATICA   Ora esercitati a disegnare questo carattere nelle celle più piccole.

テ テ **te**

PARLA   Pronunciato come il 'te' in tempo.

IMPARA   Questo kana viene disegnato con tre tratti; stop, stop, fade.

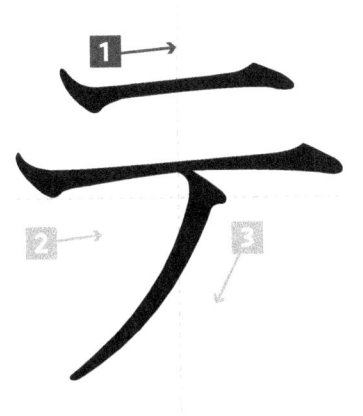

Questo kana inizia con due tratti di stop paralleli, creando linee orizzontali da sinistra a destra. Assicurati che la seconda linea sia più lunga della prima. Il terzo segno è una linea diagonale curva più corta verso il basso e sul lato sinistro. Inizia a metà del tuo secondo tratto.

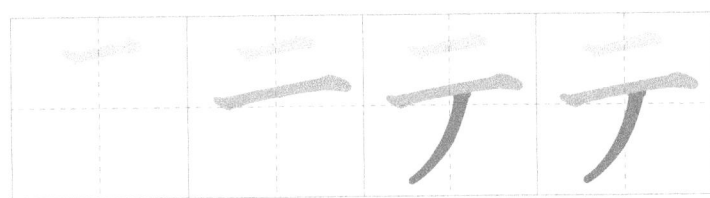

SCRIVI

Prima di tutto, traccia le forme nelle celle sottostanti.

PRATICA

Ora esercitati a disegnare questo carattere nelle celle più piccole.

85

ト　ト　**to**

Pronunciato come il 'to' in alto.

Questo kana viene creato con due tratti; stop, stop.

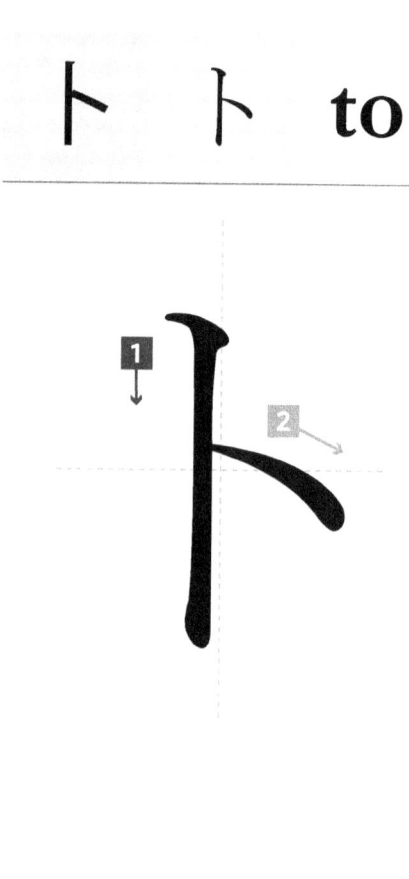

Disegna una lunga linea verticale che inizia vicino alla parte superiore della cella e leggermente a sinistra del centro, terminando con uno stop vicino alla parte inferiore della cella. La seconda riga è un punto di arresto molto più breve, che inizia sopra il centro della cella e si sposta verso il basso e verso destra in direzione diagonale.

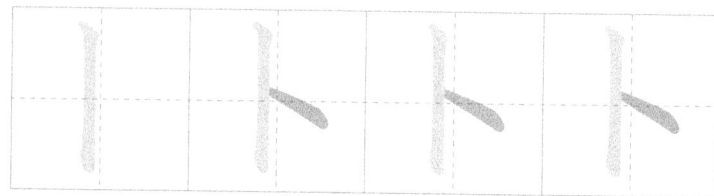

Prima di tutto, traccia le forme nelle celle sottostanti.

Ora esercitati a disegnare questo carattere nelle celle più piccole.

ナ ナ **na**

Pronunciato come il 'na' in sonata.

Questo kana ha due tratti: un stop e un fade.

Inizia con un tratto di stop orizzontale relativamente lungo, sopra la linea centrale. La seconda linea inizia vicino alla parte superiore, al centro, e viene tracciata verso il basso e attraverso il primo tratto. Inizia come una linea verticale e si curva in basso a sinistra della cella dopo l'intersezione.

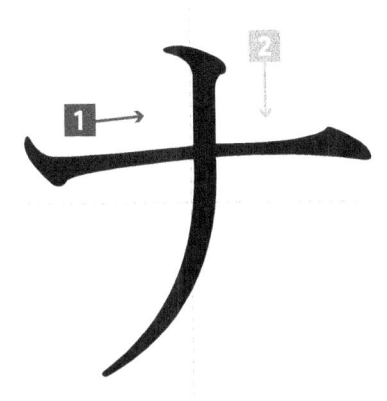

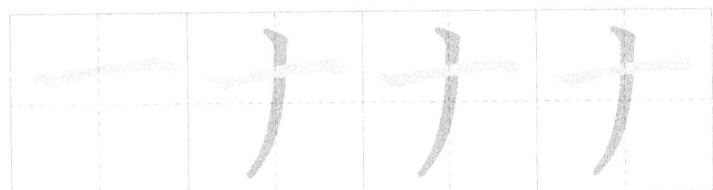

Prima di tutto, traccia le forme nelle celle sottostanti.

Ora esercitati a disegnare questo carattere nelle celle più piccole.

二　二　**ni**

PARLA Pronunciato come il 'ni' in nicchia.

IMPARA Questo kana ha due tratti; entrambi sono stop.

Essendo uno dei simboli Katakana più semplici, disegniamo 二 con due linee parallele. Ciascuna si muove orizzontalmente da sinistra a destra, con una leggera inclinazione. Il tuo secondo tratto dovrebbe essere più lungo del primo, estendendosi su entrambi i lati.

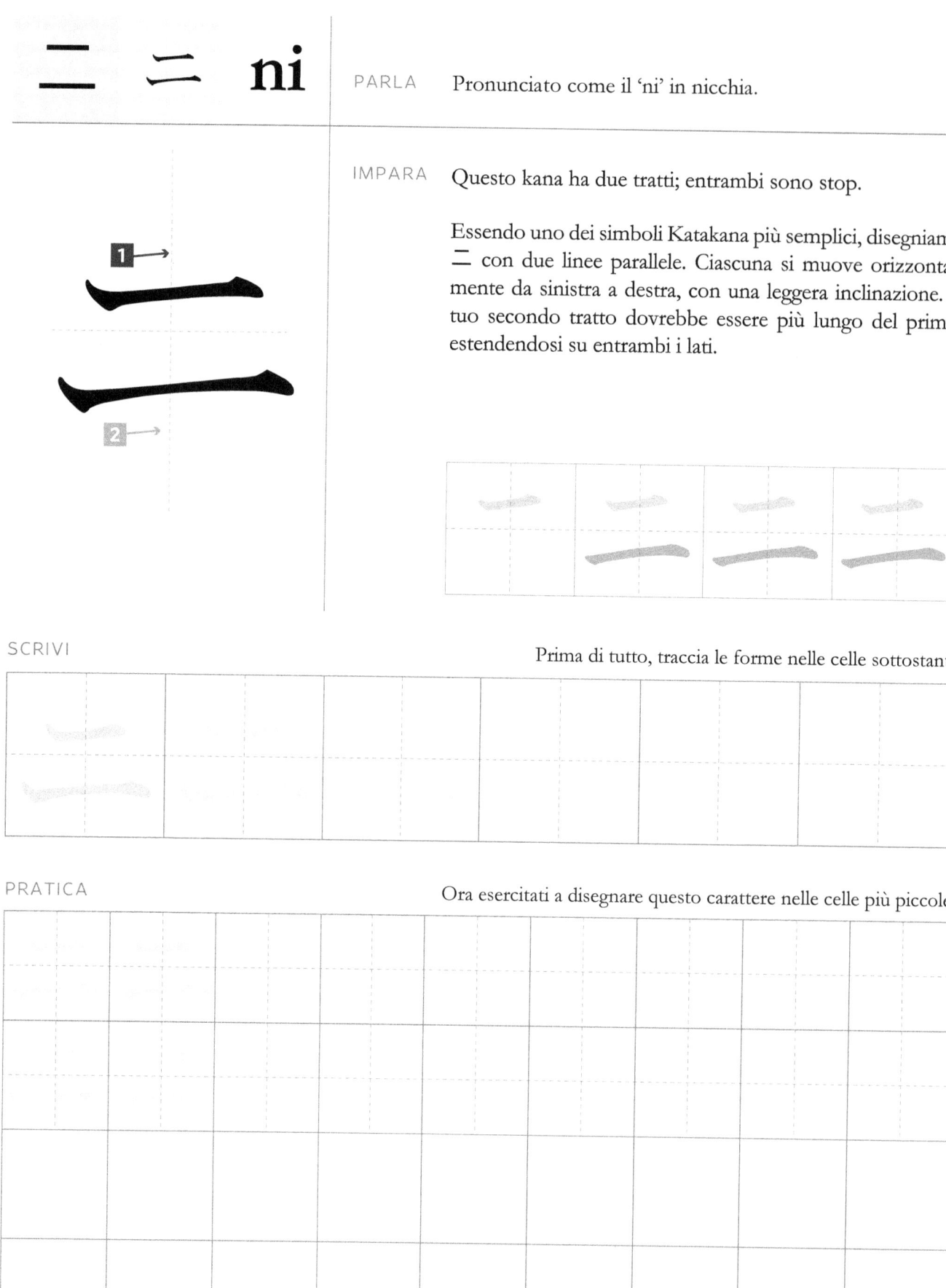

SCRIVI　Prima di tutto, traccia le forme nelle celle sottostanti.

PRATICA　Ora esercitati a disegnare questo carattere nelle celle più piccole.

ヌ ヌ **nu**

Pronunciato come il 'nu' in nuziale.

Disegnato con due tratti; un long fade, stop.

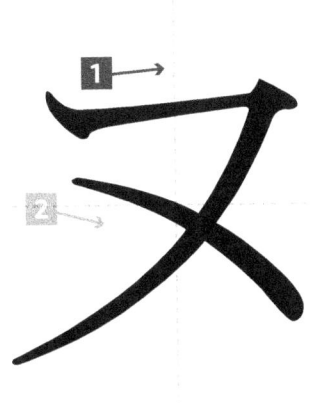

Inizia il tuo primo tratto con una linea orizzontale leggermente inclinata da sinistra a destra e leggermente in alto. Senza sollevare la penna, fai una brusca svolta verso il basso in una lunga curva ampia. Termina come una dissolvenza nella parte inferiore sinistra della cella. Il tuo secondo segno è una curva più breve che termina con uno stop. Inizia sotto l'inizio del tuo primo tratto e taglia il centro della curva che hai appena fatto.

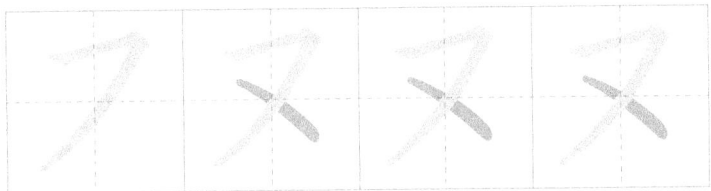

SCRIVI   Prima di tutto, traccia le forme nelle celle sottostanti.

PRATICA   Ora esercitati a disegnare questo carattere nelle celle più piccole.

ネ ネ **ne**

Pronunciato come il 'ne' in nestare.

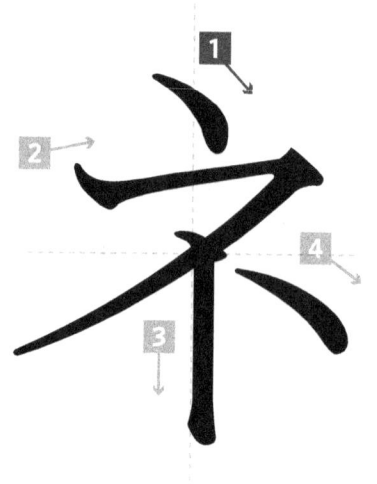

IMPARA   Questo kana ha quattro tratti; stop, fade, stop e stop.

Inizia con un segno di stop corto e angolato in alto al centro. Il tuo secondo segno inizia con una linea orizzontale prima di una brusca svolta in una curva in dissolvenza verso il basso e verso sinistra. Il tratto tre è una linea verticale con uno stop, che inizia nel mezzo della curva nel tratto 2. Il segno finale è una breve linea diagonale che dovrebbe essere all'incirca della stessa lunghezza dell'estremità inferiore della curva lunga.

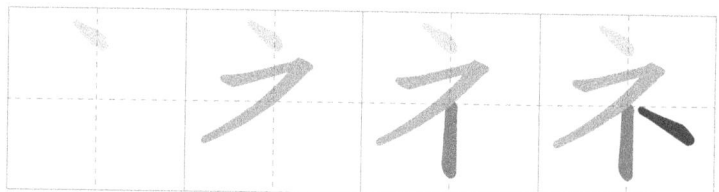

SCRIVI   Prima di tutto, traccia le forme nelle celle sottostanti.

PRATICA   Ora esercitati a disegnare questo carattere nelle celle più piccole.

90

ノ ノ **no**

Pronunciato come il 'no' in notare.

Questo kana si scrive con un tratto: un fade.

Questo è probabilmente il più semplice dei Katakana e consiste in un singolo tratto curvo in dissolvenza. Inizia in alto a destra e scorri verso il basso fino a una dissolvenza in basso a sinistra. Attenzione al posizionamento di questo kana.

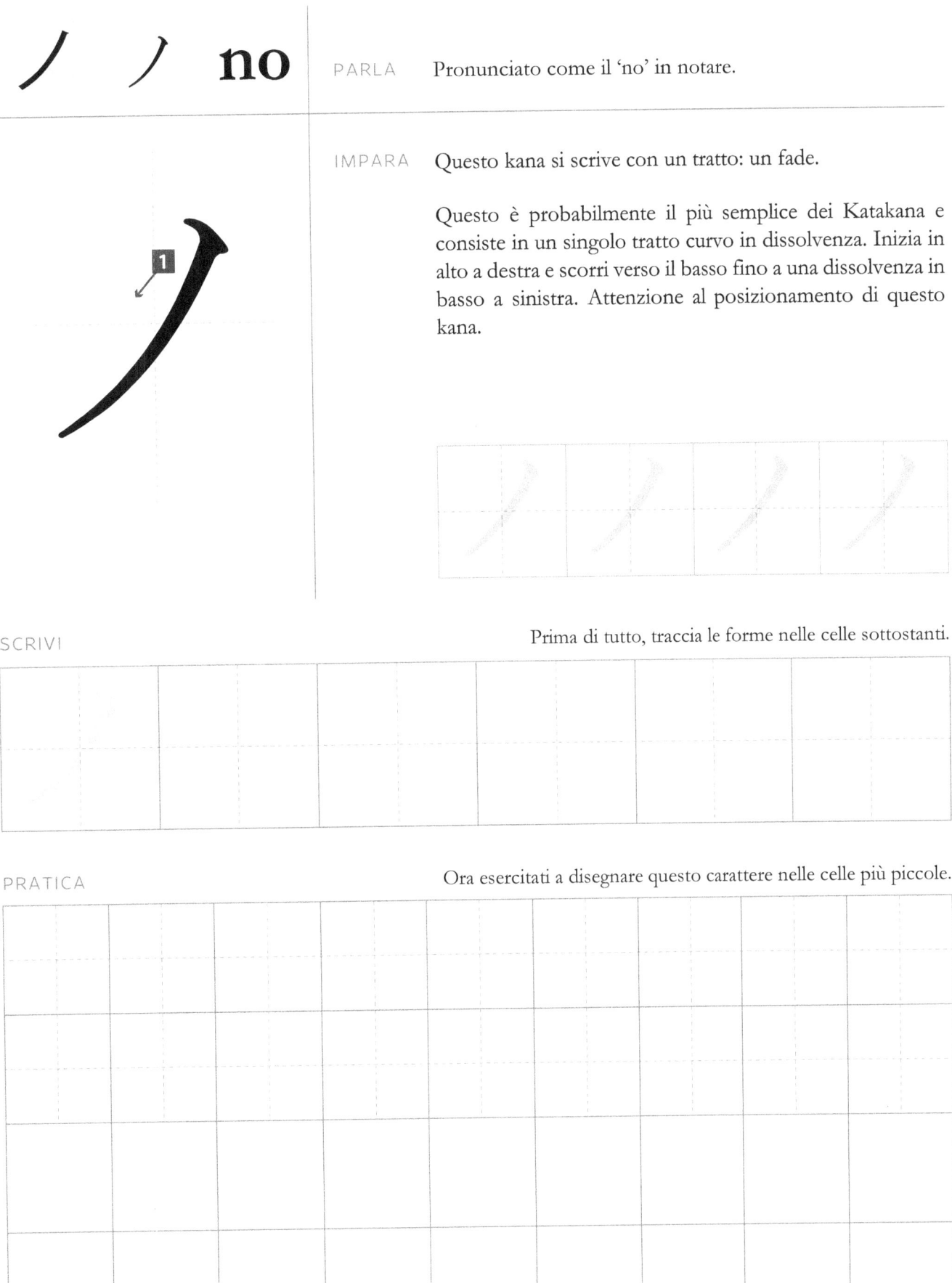

SCRIVI

Prima di tutto, traccia le forme nelle celle sottostanti.

PRATICA

Ora esercitati a disegnare questo carattere nelle celle più piccole.

ハ ハ **ha**

Pronunciato come la 'ha' mentre ridi, come ha-ha.

IMPARA Disegna questo kana con due tratti: un fade e un stop.

Il tuo primo tratto è una linea diagonale curva che parte dalla sinistra del centro e si dissolve verso il basso a sinistra. Il secondo segno quasi rispecchia il primo ma termina con uno stop in basso a destra. I punti iniziali dovrebbero essere distanziati e posizionati lontano dalla linea centrale.

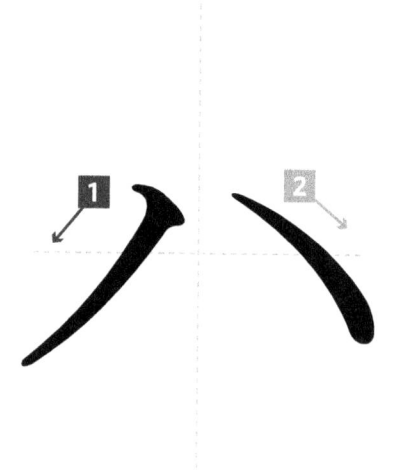

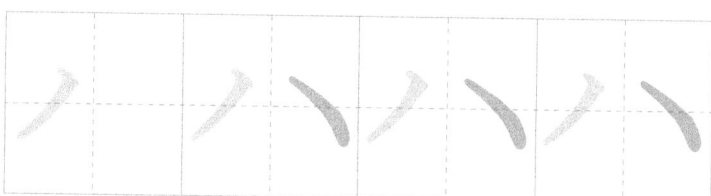

SCRIVI

Prima di tutto, traccia le forme nelle celle sottostanti.

PRATICA

Ora esercitati a disegnare questo carattere nelle celle più piccole.

ヒ　ヒ　**hi**

Pronunciato come il 'he' in He o She.

Questo kana viene disegnato con due tratti; entrambi i tratti sono stop.

Fai il primo tratto come una linea leggermente angolata da sinistra a destra, terminando con uno stop. Il tuo secondo segno inizia in alto a sinistra e inizia come una linea verticale verso il basso, toccando appena la fine del primo. Quando la penna si avvicina alla parte inferiore della cella, gira delicatamente a destra - questo non è un angolo ad angolo acuto come negli altri kana. Il secondo tratto dovrebbe fermarsi all'incirca sotto la fine del primo.

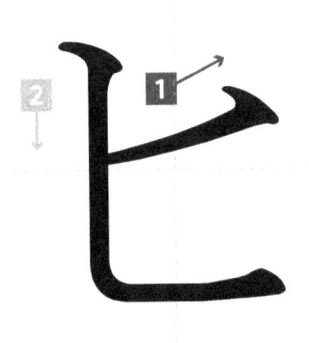

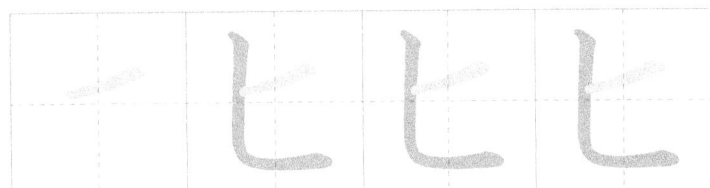

Prima di tutto, traccia le forme nelle celle sottostanti.

Ora esercitati a disegnare questo carattere nelle celle più piccole.

フ フ **fu**

Pronunciato come il 'fu' in fuga.

Disegnato con un singolo tratto; un long fade.

Questo kana è stato disegnato come parte dei simboli precedenti in questa cartella di lavoro. Con una forma simile al numero 7, inizia con una linea orizzontale leggermente inclinata. Quando la penna si avvicina al lato destro della cella, dovrebbe ruotare abbastanza bruscamente. Tieni la penna sulla pagina mentre continui a creare la lunga curva in dissolvenza verso il basso a sinistra della cella.

SCRIVI

Prima di tutto, traccia le forme nelle celle sottostanti.

PRATICA

Ora esercitati a disegnare questo carattere nelle celle più piccole.

∧　⌒　**he**

　Pronunciato come il 'he' in Helsinki, con aspirazione.

IMPARA　Questo kana viene creato con un tratto: un stop.

Questo kana a tratto singolo inizia dal centro sul lato sinistro della cella. Disegna la penna in diagonale verso l'alto e verso destra ma, prima di raggiungere la linea centrale, torna indietro e traccia la linea diagonale più lunga in basso a destra. Assicurati che il "punto" in alto sia posizionato a sinistra della linea centrale.

SCRIVI　　　　　　　　　　Prima di tutto, traccia le forme nelle celle sottostanti.

PRATICA　　　　　　　Ora esercitati a disegnare questo carattere nelle celle più piccole.

95

ホ ホ ho

Pronunciato come il 'or' in ora, con un suono 'h' aspirato.

IMPARA

Questo kana contiene quattro tratti; stop, jump fade, stop e stop.

Il primo tratto è una linea orizzontale da sinistra a destra. Il tuo secondo tratto è una linea verticale, che taglia a metà del primo tratto, appena sopra il centro della cella. Termina con una hane sfogliando la penna dal foglio. Il terzo e il quarto tratto vengono eseguiti nello stesso modo in cui disegniamo il kana ハ, specchiandosi a vicenda. Non dovrebbero entrare in contatto con nessuno degli altri tuoi marchi.

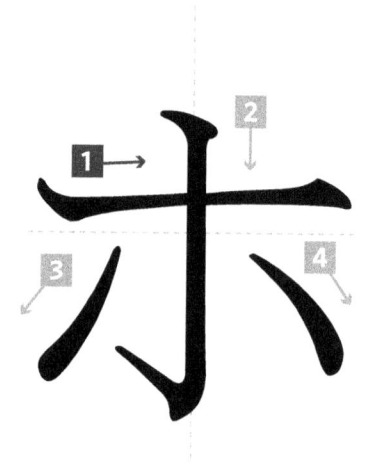

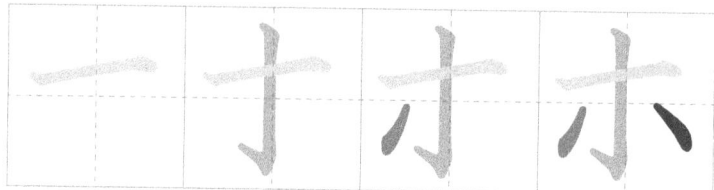

SCRIVI

Prima di tutto, traccia le forme nelle celle sottostanti.

PRATICA

Ora esercitati a disegnare questo carattere nelle celle più piccole.

マ マ **ma**

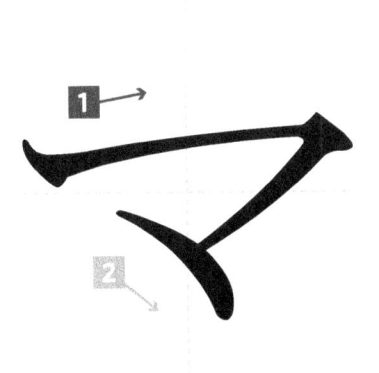

PARLA   Pronunciato come il 'ma' in macchina.

IMPARA   Disegnato con due tratti; long fade, short stop.

Cominciando con un primo tratto familiare, muovi la penna sulla cella in una linea orizzontale. Senza sollevare la penna, ruotare bruscamente indietro e in basso con una curva più corta sbiadita a sinistra. Il tuo secondo tratto è una linea relativamente corta, fatta con un angolo verso il basso e verso destra. Fai attenzione a non confonderlo con il kana ア che abbiamo imparato all'inizio!

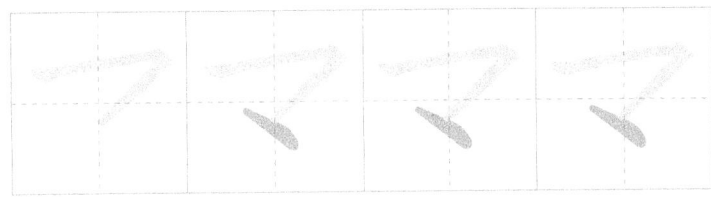

SCRIVI   Prima di tutto, traccia le forme nelle celle sottostanti.

PRATICA   Ora esercitati a disegnare questo carattere nelle celle più piccole.

 **mi**

Pronunciato come il 'mi' in minuto.

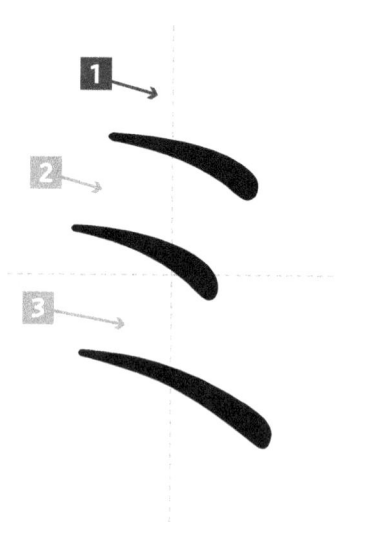

IMPARA Disegnato con tre tratti; tutti i tratti sono stop.

Questo kana è relativamente semplice, composto da tre brevi linee parallele. Ciascuno è disegnato con una leggera angolazione, portando la penna a fermarsi mentre ci si sposta da sinistra a destra. Il terzo tratto è leggermente più lungo e la posizione di partenza appena un po' a destra.

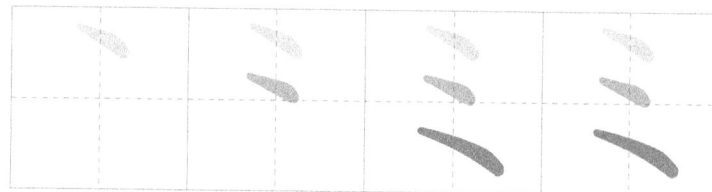

SCRIVI

Prima di tutto, traccia le forme nelle celle sottostanti.

PRATICA

Ora esercitati a disegnare questo carattere nelle celle più piccole.

ム ム **mu**

Pronunciato come il 'mu' in musica.

Disegna questo kana con due tratti; stop e stop.

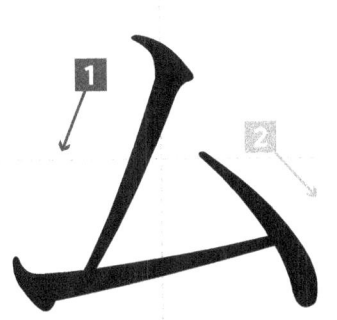

Sembra quasi tre tratti separati, ma il primo crea una sorta di forma a L. Inizia con una linea retta, tracciata diagonalmente dal centro in alto a quello in basso a sinistra. Tieni la penna sul foglio e svolta bruscamente a destra. Spostati attraverso la cella con un'angolazione molto più ridotta e termina con uno stop. La seconda linea è un breve segno di arresto diagonale che dovrebbe toccare la fine del primo tratto mentre scende.

SCRIVI   Prima di tutto, traccia le forme nelle celle sottostanti.

PRATICA   Ora esercitati a disegnare questo carattere nelle celle più piccole.

メ メ **me**

Pronunciato come 'meh' simile al 'me' in mentre.

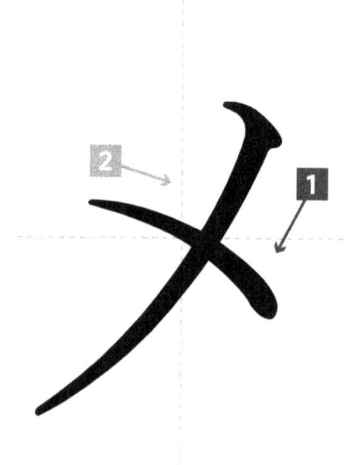

IMPARA

Questo kana si disegna con due tratti: un fade e un stop.

Il tuo primo tratto è una linea curva relativamente lunga, tracciata dal quadrante in alto a destra a quello in basso a sinistra. Questa linea dovrebbe terminare con una dissolvenza. Il secondo segno diagonale è una curva più corta che taglia la metà del primo tratto e termina con uno stop.

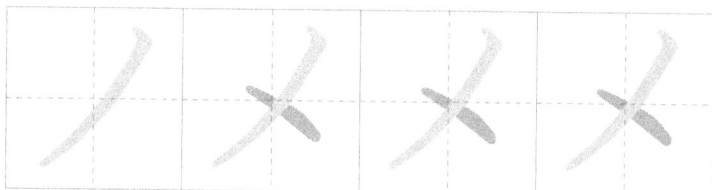

SCRIVI

Prima di tutto, traccia le forme nelle celle sottostanti.

PRATICA

Ora esercitati a disegnare questo carattere nelle celle più piccole.

モ モ **mo**

Pronunciato come il 'mo' in profumo.

Questo kana contiene tre tratti; tutti i tratti sono stop.

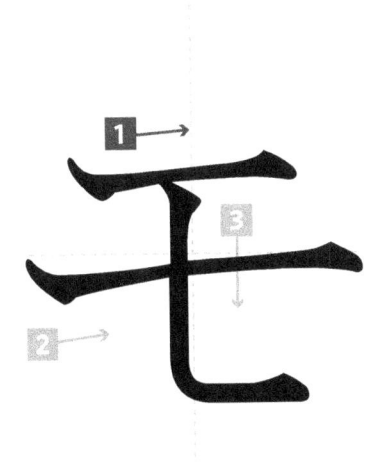

Inizia questo kana disegnando il primo e il secondo tratto come due linee orizzontali. Il secondo dovrebbe essere un po' più lungo del primo. Il tuo terzo tratto inizia con il primo tratto e viene disegnato come una linea verticale verso il basso, per cominciare. Taglia il tuo secondo tratto e, quando la penna si avvicina al fondo della cella, gira delicatamente a destra e si ferma a destra.

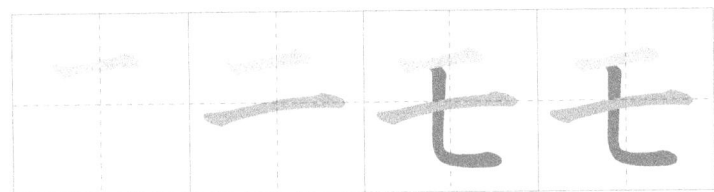

SCRIVI

Prima di tutto, traccia le forme nelle celle sottostanti.

PRATICA

Ora esercitati a disegnare questo carattere nelle celle più piccole.

ヤ ヤ **ya**

Pronunciato come il 'ya' in yahoo.

Disegna questo kana con due tratti: un fade e un stop.

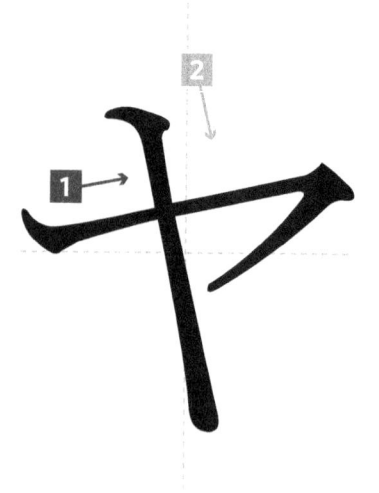

Iniziamo a disegnare questo kana con una linea retta da sinistra a destra, con un angolo relativamente basso verso l'alto. Quando ci avviciniamo al lato destro della cella, gira bruscamente verso il basso e torna verso il centro con una breve dissolvenza. Il tuo secondo tratto è una lunga linea diagonale dalla parte in alto a sinistra della cella, più vicino al centro rispetto al lato, e taglia il primo tratto a circa un terzo dall'inizio.

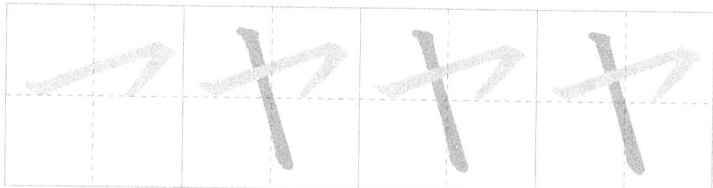

Prima di tutto, traccia le forme nelle celle sottostanti.

Ora esercitati a disegnare questo carattere nelle celle più piccole.

ユ ユ **yu**

Pronunciato come la 'iu' in fiume.

Questo kana viene disegnato con due tratti; entrambi i tratti sono stop.

Il tuo primo tratto inizia come una breve linea orizzontale e poi fa una brusca virata fino a fermarsi. Il tuo secondo segno inizia più a sinistra rispetto al primo e sotto la linea centrale. È una linea orizzontale più lunga e deve toccare la fine del primo tratto. Affinché questo simbolo non venga confuso con katakana ⊐, fai attenzione che il secondo tratto si estenda ulteriormente su entrambi i lati.

Prima di tutto, traccia le forme nelle celle sottostanti.

Ora esercitati a disegnare questo carattere nelle celle più piccole.

ヨ ヨ **yo**

Pronunciato come il 'yo' in yo-yo.

Questo kana viene disegnato con tre tratti: tutti i tratti sono stop.

Questo kana sembra una lettera E rovesciata e, simile al kana, nella pagina precedente, inizia con una linea orizzontale che si trasforma in una linea verticale sul lato destro. La seconda linea è leggermente più corta, tracciata al centro della cella per incontrare il centro della linea verticale. Infine, la terza linea è leggermente più lunga, da sinistra a destra, che incontra la fine del primo tratto nel quadrante in basso a destra.

Prima di tutto, traccia le forme nelle celle sottostanti.

Ora esercitati a disegnare questo carattere nelle celle più piccole.

ラ ラ **ra**

Pronunciato come il 'ra' in lettura.

Questo kana viene disegnato con due tratti; stop, fade.

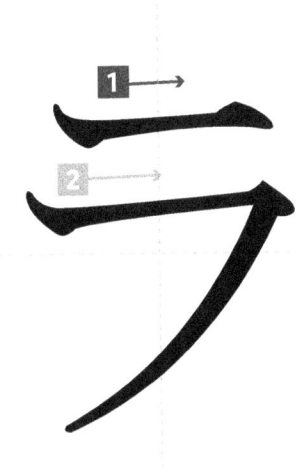

Inizia facendo una breve linea orizzontale con un tratto di stop vicino alla parte superiore della cella. Il tratto numero due è come la forma del numero 7 e inizia con una linea orizzontale più lunga parallela al primo tratto. Quindi gira per formare una linea diagonale lunga e curva. Sfuma questo tratto verso l'area centrale in basso.

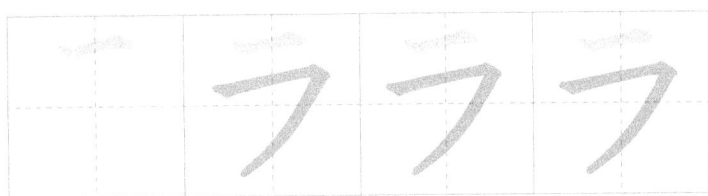

Prima di tutto, traccia le forme nelle celle sottostanti.

Ora esercitati a disegnare questo carattere nelle celle più piccole.

リ リ **ri**

Pronunciato come il 'ri' in righe.

IMPARA   Questo kana viene disegnato con due tratti; stop, fade.

Questo è un altro simbolo Katakana che è visivamente simile alla controparte Hiragana. Il primo tratto è semplicemente una linea retta verticale dall'area in alto a sinistra fino appena sotto la linea centrale. Finisce con un stop. La tua seconda linea inizia ad un'altezza simile al primo tratto ed è disegnata direttamente sulla linea centrale prima di curvare indietro verso la parte inferiore sinistra della cella - termina questo tratto con una dissolvenza.

SCRIVI   Prima di tutto, traccia le forme nelle celle sottostanti.

PRATICA   Ora esercitati a disegnare questo carattere nelle celle più piccole.

ル ル **ru**

Pronunciato come il 'ru' in ruggito.

IMPARA Questo kana viene disegnato con due tratti; entrambi sono fades.

Inizia con una linea curva dalla parte superiore fino al lato inferiore sinistro e finisci con una dissolvenza. Il secondo tratto inizia come una linea verticale retta dal punto più alto del primo e appena a destra della linea centrale. Quando la penna si avvicina al fondo, ruota bruscamente verso destra e verso l'alto con un tratto leggermente curvo e sfumato per terminare.

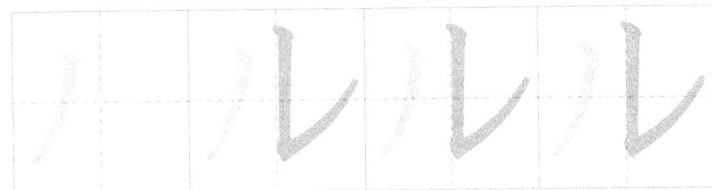

SCRIVI   Prima di tutto, traccia le forme nelle celle sottostanti.

PRATICA   Ora esercitati a disegnare questo carattere nelle celle più piccole.

レ レ **re**

Pronunciato come 're' in rete.

Disegnato con un singolo tratto; un long fade.

Questo kana è essenzialmente lo stesso del secondo tratto dal precedente simbolo Katakana ル, tranne che è più largo, posizionato centralmente nella cella ed è finito con una curva più lunga in dissolvenza alla fine.

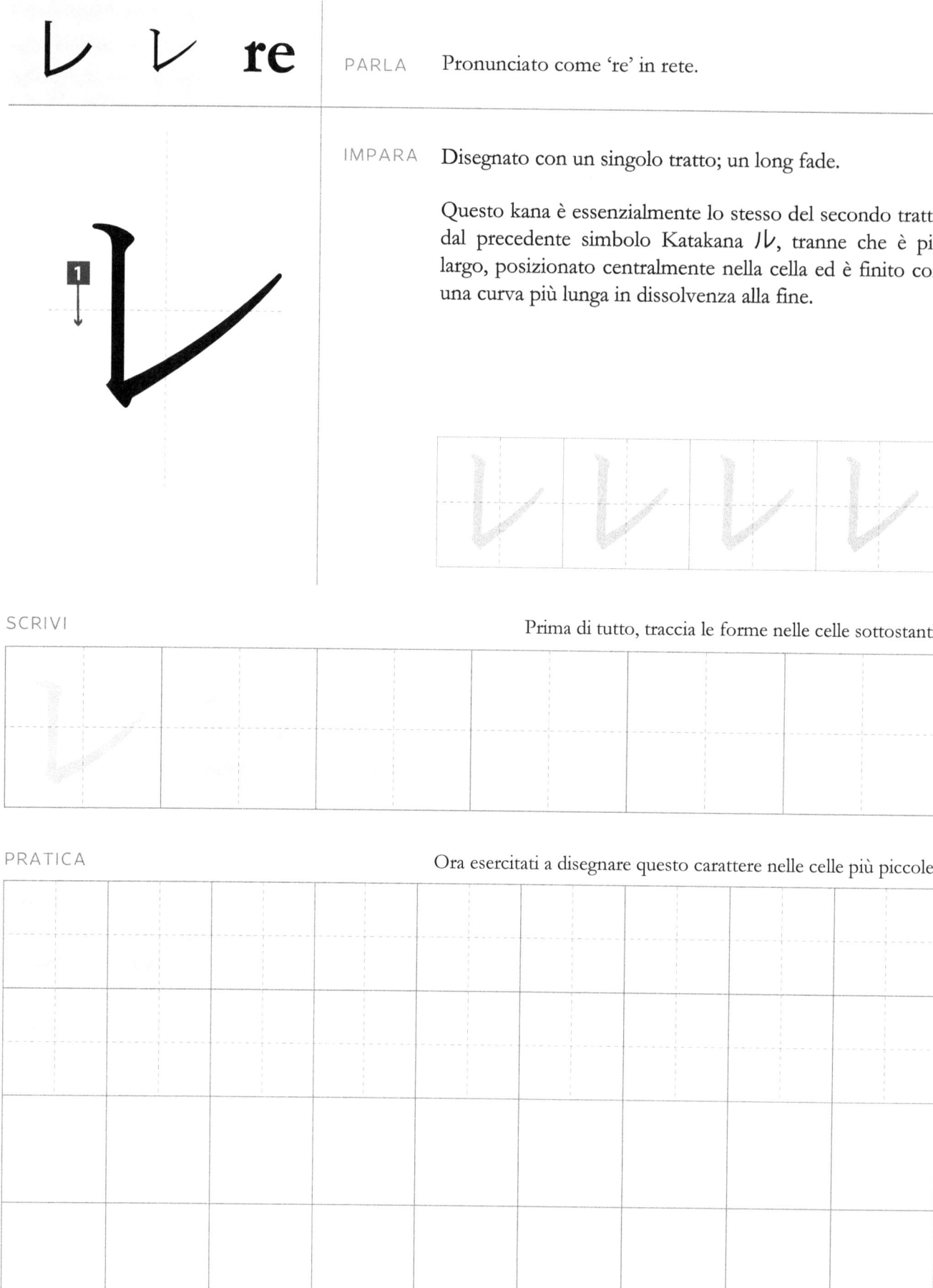

SCRIVI
Prima di tutto, traccia le forme nelle celle sottostanti.

PRATICA
Ora esercitati a disegnare questo carattere nelle celle più piccole.

□ 口 **ro**

Pronunciato come il 'ro' in lavaro.

IMPARA Questo kana viene disegnato con tre tratti; tutti i tratti sono stop.

Fai il tuo primo tratto con una linea verticale diritta nella metà sinistra della cella. Il secondo tratto inizia nello stesso punto del primo e viene estratto a destra prima di scendere in linea retta. Il tratto finale è un'altra linea orizzontale retta, che inizia alla fine del primo tratto. Termina con una fermata quando la penna incontra la fine del secondo tratto. La forma a scatola sarà posizionata in basso al centro.

SCRIVI   Prima di tutto, traccia le forme nelle celle sottostanti.

PRATICA   Ora esercitati a disegnare questo carattere nelle celle più piccole.

ワ ワ **wa**

Pronunciato come il 'ua' in quaglia.

Questo kana viene disegnato con due tratti; stop, fade.

Affinché questo kana non venga confuso con Katakana ク, è importante che il tuo primo tratto faccia una linea verticale diritta. Il secondo tratto inizia nello stesso punto del primo tratto e si sposta verso destra prima di girare e diventare una linea diagonale curva. Sfuma questo tratto quando si avvicina al fondo vicino al centro.

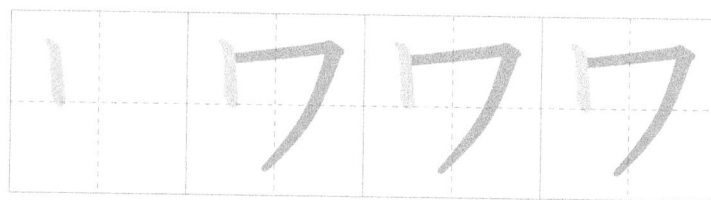

SCRIVI

Prima di tutto, traccia le forme nelle celle sottostanti.

PRATICA

Ora esercitati a disegnare questo carattere nelle celle più piccole.

ヲ ヲ wo*

PARLA Pronunciato come il 'uo' in duomo.

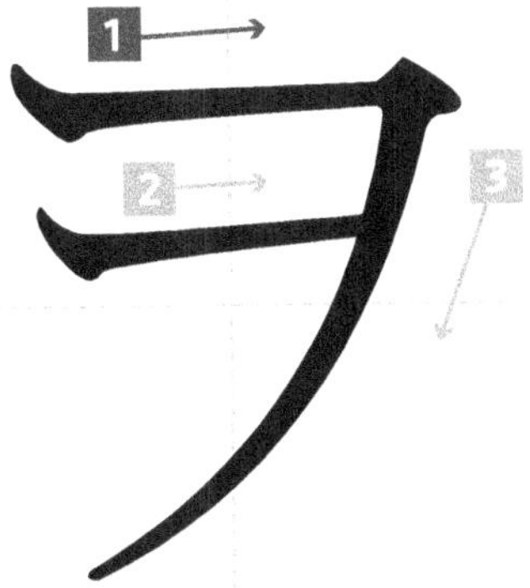

IMPARA Disegnato con tre tratti; long fade e due stop.

Il nostro penultimo simbolo kana inizia con due tratti orizzontali nella metà superiore della cella. Sono linee parallele e la seconda è leggermente più corta. Il terzo tratto è una curva lunga e ampia che inizia alla fine del primo tratto. Dovrebbe incontrare la fine del secondo tratto e svanire nell'area in basso a sinistra della cella.

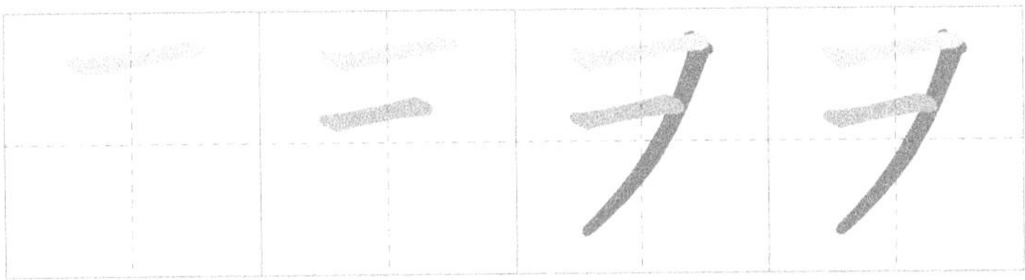

* *Kana non comune usato come particella.*

SCRIVI

Prima di tutto, traccia le forme nelle celle sottostanti.

PRATICA

Ora esercitati a disegnare questo carattere nelle celle più piccole.

ン ン n

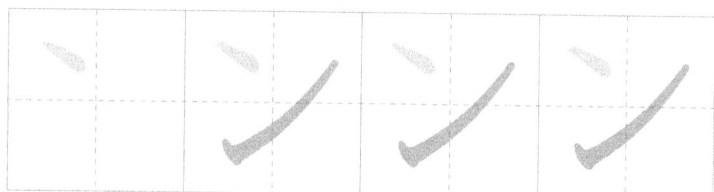

IMPARA Questo kana viene disegnato con due tratti: short stop, fade.

Il nostro Katakana finale di base ン viene facilmente confuso con ソ, quindi è fondamentale che il carattere sia disegnato in modo più ampio. Il primo tratto è una linea abbastanza corta, angolata, quasi verticale, che termina con uno stop. Il secondo tratto è una linea curva più superficiale che corre diagonalmente dal lato inferiore sinistro e fino al lato superiore destro, terminando con una dissolvenza.

SCRIVI

Prima di tutto, traccia le forme nelle celle sottostanti.

PRATICA

Ora esercitati a disegnare questo carattere nelle celle più piccole.

Parte 6

A PROPOSITO
DI KANJI

LA SCIENZA DEI KANJI

A questo punto del tuo percorso di studio probabilmente avrai sentito parlare di kanji, una delle parti più scoraggianti per i nuovi studenti che iniziano il Giapponese. Padroneggiare i kanji, come qualsiasi altra parte di una lingua, richiede molto tempo e dedizione... ma questo libro è stato appositamente pensato per aiutarti ad imparare i kanji con facilità!

I kanji giapponesi (漢字) sono definiti il terzo alfabeto della lingua, ma questo è un termine un po' improprio. Come italofono alle prese con Hiragana e Katakana, probabilmente hai notato le somiglianze tra l'alfabeto italiano e queste sillabe giapponesi. Entrambi sono progettati per descrivere i suoni fonetici delle parole nelle rispettive lingue, ma il kanji è molto diverso. Importati dal sistema di scrittura cinese migliaia di anni fa, i kanji compongono, come i loro parenti cinesi, un sistema di scrittura logografico, quindi ogni carattere rappresenta un significato, piuttosto che un suono specifico. Ciò vuol dire che durante la lettura del Giapponese, alcuni caratteri kanji possono essere letti in addirittura 18 modi diversi! Non lasciarti spaventare però, poiché generalmente i kanji hanno solo due pronunce (note anche come letture): Kunyomi e Onyomi. La lettura kunyomi viene utilizzata quando il carattere rappresenta una parola nativa giapponese, utile per differenziare molte parole giapponesi dal suono simile. Dall'altro lato, la lettura onyomi si usa quando i caratteri vengono utilizzati nella stessa parola di altri kanji, solitamente prestiti dalla lingua cinese.

STORIA BREVE DEL GIAPPONESE E DEI KANJI

Il Giapponese è una delle tante lingue al mondo classificate come lingue isolate, ovvero che non hanno una lingua antenata conosciuta o altre lingue correlate, a parte le lingue Ryukyuan parlate nelle isole a sud della terraferma. Ciò significa che, mentre ad esempio l'Inglese e il Tedesco sono "geneticamente correlate", in quanto entrambe provengono da una lingua madre definita proto-germanica, e condividono molte parole e una grammatica simile, il Giapponese non ha genitori o fratelli conosciuti. Tuttavia, già nel V secolo, il Giappone iniziò a importare caratteri cinesi attraverso la penisola coreana, e iniziò a utilizzare il sistema di scrittura cinese per testi e documenti sul proprio territorio. Questo stile di scrittura, chiamato Kanbun, era composto unicamente di caratteri, grammatica e sintassi del Cinese, ma pronunciato con un mix di lettura cinese e giapponese. Ti sembra confusionario? Lo era!

Il Kanbun è stato classificato da alcuni studiosi come una lingua creola completamente diversa, poiché all'epoca era incomprensibile per il cittadino medio cinese o giapponese. Ad ogni modo, divenne molto popolare tra le élite e le classi nobili, e la maggior parte delle opere intellettuali e ufficiali dal IX al XX secolo furono scritte in questo stile. Infatti, Hiragana e Katakana furono sviluppati in seguito, da donne delle corti nobiliari a cui era preclusa la rigorosa educazione necessaria per scrivere in questo ibrido cinese-giapponese. Utilizzarono solo un piccolo numero di caratteri cinesi per il loro suono, per rappresentare il giapponese, e il modo corsivo di scrivere questi caratteri si è semplificato nel tempo fino all'Hiragana che conosciamo oggi. Mentre molte classi d'élite preferivano scrivere nello stile Kanbun, l'Hiragana divenne sempre più popolare nelle classi non agiate per la sua facilità di apprendimento. Nel corso del tempo i sillabari e l'uso dei kanji si sono fusi insieme nella scrittura giapponese che conosciamo oggi. Essa utilizza un mix di tutti e tre sia nella scrittura di tutti i giorni che nei testi ufficiali.

CI SONO... QUANTI KANJI?!?!?

Dopo secoli di importazione di questi caratteri in Giappone, ad oggi ci sono tantissimi kanji... secondo alcune stime oltre 50.000! Tuttavia, la stragrande maggioranza di questi non è standard o non è più in uso, e non la si troverà al di fuori dei testi scritti in Giapponese classico. Pensa che il test attitudinale sui kanji più rigoroso in Giappone, per storici e traduttori, si basa su appena 6.000 caratteri, con i jōyō kanji (letteralmente "caratteri cinesi di uso quotidiano") a rappresentare i 2.136 caratteri standard, necessari per essere considerati fluenti nella lingua. I jōyō kanji sono quelli che vengono insegnati ai bambini giapponesi dalla prima elementare fino alla fine del liceo, quindi il materiale didattico rivolto ad essi è abbondante.

DA DOVE INIZIARE

Ma come fanno questi giovani studenti a imparare tutti quei caratteri? Più o meno nel tuo stesso modo, attraverso la ripetizione, la pratica, la conoscenza e l'uso di kanji in situazioni di vita reale. Molti dei primi caratteri che imparerai sono pittografici, nel senso che rappresentano visivamente il significato ad essi associato. Ad esempio, il carattere dell'albero, 木 (ki), ricorda un albero con il tronco centrale e i diversi rami. Il carattere del fiume, 川 (kawa), sembra un corso d'acqua che scorre veloce. Questi kanji pittografici costituiscono solo una piccola parte dei caratteri totali usati nel giapponese moderno, ma sono un buon punto di ingresso per gli studenti che non conoscono le lingue logografiche. Questo è vantaggioso anche perché molti dei primi kanji pittografici vengono messi insieme per creare nuovi kanji, quindi di molti caratteri avrai già un'idea del loro significato o suono.

Man mano che i caratteri iniziano a diventare più complessi, molti studenti usano la mnemonica per ricordarsi il significato dei kanji più avanzati, i quali sono spesso composti da 2 o più parti, chiamate radicali. Ad esempio, un sistema mnemonico per il carattere 町 (città, machi) è ricordare che si tratta di una risaia (田) accanto a una strada (丁), due cose che si troveranno al 100% nelle piccole città giapponesi.

Poiché la maggior parte delle persone impara i kanji in un ordine simile agli studenti delle scuole elementari giapponesi, leggere libri per bambini può essere un ottimo modo per esercitarsi, non appena hai una solida base di caratteri. Una volta che questi diventano più facili, puoi provare un libro più impegnativo o un'altra opzione popolare, il manga. Come probabilmente già saprai, i manga sono fumetti giapponesi che negli ultimi anni sono diventati estremamente popolari in tutto il mondo. I manga sono un'ottima opzione per le persone che cercano di iniziare a leggere in giapponese perché le illustrazioni aiutano molto a comprendere il testo. Se sai già leggere i caratteri, allora il disegno funge da buona visualizzazione delle parole per ricordarle meglio. D'altra parte, anche se non riesci a capire tutte le parole, quelle che comprendi insieme al contesto delle illustrazioni rendono molto più probabile la comprensione di nuove parole e caratteri, senza dover cercare aiuto esterno.

IMPARARE ITE KANJI (O NO)

Quindi, leggendo fino a qui, potresti pensare:"Beh, se ho intenzione di parlare e ascoltare in Giapponese, mi basta imparare l'Hiragana e il Katakana. Posso scrivere tutto con quei caratteri e quindi non ho bisogno di imparare a scrivere in kanji.

In un certo senso, questo è vero. In teoria potresti diventare fluente nel Giapponese parlato senza imparare un solo carattere kanji, e scrivere il prossimo grande romanzo giapponese interamente in Hiragana. Quelli che lo leggono avrebbero difficoltà a distinguere tra le parole (la scrittura giapponese non ha spazi) e probabilmente dovrebbero scandire la maggior parte delle parole individualmente per capirle, poiché sono troppo abituati a leggere con i kanji. Ma è fattibile. Tuttavia, se in Giappone vorrai essere in grado di comprendere segnali e indicazioni, se vorrai scrivere qualcosa di facile comprensione, o se mai vorrai leggere una singola frase nella loro lingua, dovrai iniziare a studiare.

LEGGERE (COME METODO PER IMPARARE I KANJI)

Potresti sentire da alcuni puristi dell'apprendimento del Giapponese che, come il metodo di immersione per imparare la lingua parlata, invece dei programmi di studio è bene spendere il tuo tempo a leggere giornali cercando il significato di ogni parola, finché non inizi a comprenderle. Sebbene ciò sia teoricamente possibile una volta che hai una conoscenza di base della grammatica e dei 2 sillabari, per la maggior parte questo finirà col renderti frustrato e ti farà venire i crampi alle dita per aver cercato così tanti kanji a mano. Come ho detto sopra, la semplice lettura è il modo migliore per imparare a leggere il Giapponese, ma solo dopo che hai abbastanza basi nella lingua, così da dover cercare solo un paio di parole per ogni riga. Ci saranno studenti di Giapponesi che fanno eccezione, che sono abbastanza pronti e dedicati da provare a leggere ripetutamente i giornali giorno dopo giorno, e sono sicuro che otterranno grandi risultati con il giusto tempo… ma per la maggior parte, consiglio di aspettare almeno un paio di mesi prima di immergersi in contenuti più da adulti.

IN CHE ORDINE IMPARARE I KANJI

La maggior parte delle classi, app e libri di kanji presenteranno i caratteri in uno dei 4 ordini principali, ciascuno ampiamente sovrapposto l'uno all'altro. I caratteri in questi libri saranno spesso ordinati in base a come i kanji vengono insegnati ai bambini nelle scuole elementari giapponesi, dalle parole che costituiscono i gesti quotidiani e la conversazione (persone, suoni, mano, casa, bambino, mangiare, bere, vivere, ecc...) a parole più astratte e non comuni man mano che i bambini crescono. Alcuni libri di esercizi adotteranno un approccio più statistico e insegneranno i caratteri dei kanji dai più comuni a quelli più rari. Allo stesso modo, alcuni sono in ordine dai kanji più semplici (一, ichi, che significa 1) ad alcuni dei caratteri più complessi per numero di tratti (in pratica, il numero di volte in cui la penna esegue un nuovo tratto quando si scrive il carattere), oltre i 20.

Naturalmente, molti materiali di studio come questo libro basano la lista di kanji sul Japanese Language Proficiency Test, la misura standardizzata a livello mondiale dell'abilità nella lingua di un non madrelingua. Sebbene l'organizzazione JLPT non rilasci liste ufficiali di quali caratteri saranno o meno nei loro test, dopo molti anni gli istruttori hanno elaborato una linea guida accurata per i caratteri che possono trovarsi a un dato livello del JLPT, da N5 (competenza di base) a N1 (competenza di livello nativo o pari madrelingua). Sebbene tutti questi metodi di ordinamento differiscano leggermente, come affermato in precedenza, per la maggior parte sono tutti ordinati dai kanji più elementari (nel significato e nel numero dei tratti) a quelli più avanzati.

COSA SONO I RADICALI?

I radicali sono il termine per i mattoncini indivisibili dei kanji, i piccoli gruppi di tratti che vengono messi insieme in modo diverso per comporre ogni carattere. Ad esempio, il carattere 魑, che significa "demoni di montagna", a prima vista sembra troppo complicato per scriverlo da solo e richiede un totale di 20 tratti, un kanji spaventosamente denso anche per i madrelingua. Tuttavia, se lo vedi come un raggruppamento di radicali standardizzati, una serie di semplici componenti più piccoli (田, 儿, 厶, 亠, 凵 e 内) messi insieme, diventa molto più semplice da concettualizzare. Con alcuni di quegli stessi componenti, possiamo creare il kanji 充 ("abbastanza"), un carattere con le stesse parti costitutive ma un significato completamente diverso.

IMPARARE I KANJI DAI RADICALI

Come metodo più avanzato di apprendimento e memorizzazione dei kanji, alcuni libri di esercizi insegnano i kanji in base alle loro componenti di significato, una classe speciale di radicali. Le componenti del significato sono la componente del kanji che si trova (di solito) sul lato sinistro del carattere e che dà un suggerimento sul significato del kanji. Man mano che impari più kanji, potresti iniziare a vedere uno schema, ad esempio che i caratteri per 汁, 沖, 沈 e 渚 condividono tutti quei tre piccoli punti sul lato sinistro. Questo perché quei tre punti hanno lo scopo di rappresentare le gocce d'acqua che scendono verso il basso e ciascuno dei significati di questi caratteri (brodo, mare aperto, affondare e costa, rispettivamente) ha qualcosa a che fare con l'acqua o la liquidità in senso più astratto. Questi radicali, che sono tradizionalmente 214, rappresentano il modo in cui i caratteri vengono ordinati in un dizionario kanji e possono essere indizi molto utili sul significato di un carattere, soprattutto se conosci già l'altro carattere di una parola in cui si trova.

Altri radicali comuni usati come componenti, che incontrerai presto nel tuo viaggio nel Giapponese sono 月 ("luna"), 火 ("fuoco"), 木 ("legno"), 金 ("metallo") e 土 ("terra"), tutti nomi che rappresentano anche i giorni della settimana. Alcuni radicali, come 月 (tsuki, luna), significano qualcosa di completamente diverso se usati come radicali all'interno di un kanji. Nel caso di 月 questo è perché quando è usato come radicale è una versione semplificata di 肉 (niku, carne) e indica che il significato ha qualcosa a che fare con la carne. Tuttavia, una volta che avrai appreso queste particolarità e almeno 50 significati dei radicali(cosa che accadrà molto prima di quanto pensi), avrai un indizio gratuito sulla stragrande maggioranza dei nuovi kanji che ti ritroverai davanti!

FONEMI

Mentre i componenti del significato sono in genere sul lato sinistro di un kanji, sul lato destro è presente il componente sonoro. La maggior parte dei kanji ha un radicale che allude al significato e un fonema che ne identifica il suono, oltre a differenziare il carattere dagli altri con lo stesso significato. Nota che la componente sonora dà solo un suggerimento sulla lettura presa in prestito dal Cinese, l'Onyomi, e non alla lettura nativa giapponese del carattere (nota anche come Kunyomi), ammesso che ne abbia una.

Ad esempio, una componente sonora comune da ricordare deriva dal carattere 方 (che significa "direzione/lato", in onyomi si legge hou). Questo carattere allude al suono di ciascuno di questi caratteri: 肪 (bou), 枋 (hou), 彷 (hou), 訪 (hou), 防 (bou) e molti altri. Come puoi vedere da quelli che vengono letti come bou, questo non è un sistema perfetto, ma il più delle volte, se l'Onyomi non è lo stesso del carattere da cui deriva la componente sonora, avrà almeno la consonante o il suono vocale in comune.

CAMBIAMENTI DI SUONO NEL PASSAGGIO DA CINESE A GIAPPONESE

Come già affermato, Cinese e Giapponese non sono lingue geneticamente correlate (cioè non provengono da una lingua antenata comune). Tuttavia, in modo simile all'Inglese e al Francese, i migliaia di anni di scambio culturale tra le due civiltà fanno sì che molte parole in Cinese e Giapponese, in particolare parole che descrivono concetti e processi più complessi, suonino abbastanza simili.

Ad esempio, nel Cinese mandarino moderno la parola per montagna è pronunciata shān e scritta 山. Allo stesso modo, in Giapponese, 山 è letto come "yama" nella pronuncia nativa giapponese, ma letto come "san", molto simile al Cinese, quando è attaccato alla fine del nome di una montagna, come se dicessimo "Mt. ____" in Italiano. Quindi, se volessimo scrivere "Monte Helena" in Giapponese, sarebbe "ヘレナ山", letto come "herena-san". Scambi come questi sono molto comuni in Giapponese e chiunque abbia una conoscenza anche superficiale del Cinese troverà un enorme vantaggio nello studio del Giapponese, e viceversa.

LETTURE KANJI: KUN'YOMI E ON'YOMI

Come affermato in precedenza, ogni carattere kanji giapponese ha almeno una lettura, ma la maggior parte ha 2 o più modi in cui vengono pronunciati quando vengono letti, sono noti come lettura kun'yomi e lettura on'yomi. Il kun'yomi viene utilizzato quando si scrivono parole native giapponesi usando caratteri cinesi, usando la pronuncia giapponese nativa. Dall'altro lato, l'on'yomi è la pronuncia che il carattere aveva originariamente in Cinese, con alterazioni per riscontrare l'insieme dei fonemi (tutti i suoni che compongono la lingua) giapponesi. Per questo motivo, l'on'yomi è usato più spesso quando il kanji viene messo accanto a un altro kanji nella stessa parola, poiché l'intera parola era probabilmente presa in prestito da una parola cinese.

In questo modo, potresti pensare a un kanji come avente (di solito) una lettura, l'on'yomi, che significa anche "lettura sonora", mentre il kun'yomi, che all'incirca significa "lettura che significa" intende rappresentare un parola nativa giapponese come una sorta di scorciatoia visiva.

Come probabilmente puoi immaginare, quale di queste letture usare quando si legge ad alta voce è una delle parti più difficili da comprendere per gli studenti di Giapponese, ed è una di quelle cose che richiede semplicemente tempo per ricordare la lettura per ogni frase o contesto in cui si trova un carattere. Tuttavia, ci sono alcune regole generali su quando usare l'una o l'altra. Come accennato in precedenza, se due kanji sono insieme nella stessa parola c'è un'alta probabilità che entrambi i caratteri vengano letti con il loro on'yomi. Se il kanji è da solo, o vicino all'hiragana, probabilmente verrà letto con il suo kun'yomi. Come modo semplice per ricordarlo, nota che quando il kanji è accanto a caratteri presi in prestito dal Cinese (cioè altri kanji), utilizzerà la lettura cinese presa in prestito, ma quando il kanji è accanto a caratteri giapponesi nativi (cioè hiragana) userà la pronuncia nativa giapponese. Inoltre, i nomi giapponesi di persone e luoghi useranno quasi sempre il kun'yomi. Naturalmente, come con qualsiasi regola linguistica, queste regole hanno molte eccezioni che richiederanno purtroppo molti tentativi ed errori per essere memorizzate. Alcune parole usano anche lo stesso carattere ma significano cose diverse a seconda che tu usi l'on'yomi o il kun'yomi! Ma con il tempo tutto comincerà ad avere un senso, e le regole di base che ho esposto ti porteranno in trionfo verso la maggior parte delle parole che incontrerai.

ORDINE DEI TRATTI

Quando si scrive kanji, ogni carattere ha un metodo specifico e "corretto" per essere scritto. Questo è noto come l'ordine dei tratti. Non preoccuparti troppo, ci sono alcune semplici regole da seguire che ti aiuteranno coi kanji usati nella vita di tutti i giorni e non solo, e possono persino aiutarti a ricordare kanji che altrimenti dimenticheresti. Ricordi i radicali di prima? Questi piccoli tasselli sono davvero importanti per comprendere l'ordine dei tratti senza troppe difficoltà. In poche parole, ogni radicale è scritto in un ordine specifico, che è (quasi) sempre da sinistra a destra e dall'alto verso il basso. Allo stesso modo, i kanji sono scritti radicale per radicale, da sinistra a destra e dall'alto verso il basso. Ricordando la precedente spiegazione delle componenti del significato e del suono, questo significa che scriverai prima la componente del significato, che si trova a sinistra, quindi la componente sonora, che di solito è a destra. Seguendo quello che è ormai il mio slogan, ci sono delle eccezioni alla regola, come la componente di significato 辶 ("strada" o "avanzare"), che di solito è l'ultimo radicale da scrivere in un kanji, ma queste regole ti aiuteranno a cavartela con circa il 90% dei caratteri senza problemi.

Quindi, come il modo in cui ricordare i radicali ti aiuterà a leggere e capire i kanji, così l'ordine dei tratti ti aiuterà a ricordare come scrivere i kanji. Quest'ultimo ti consente di vedere non un pasticcio confuso di linee e trattini, ma un simbolo con un metodo standard e coerente di essere scritto, che ti permetterà di imparare come altri hanno fatto prima di te. L'ordine corretto dei tratti è una parte importante anche dell'avere una buona calligrafia, poiché è molto difficile mantenere il giusto equilibrio e le giuste dimensioni di ogni tratto se stai scrivendo a casaccio, nell'ordine che preferisci. E, nell'era moderna, l'ordine dei tratti è molto importante quando si disegna un carattere su un touchscreen, ad esempio per cercare la lettura di un kanji in un libro. Per alcune cose menzionate in precedenza, come la componente di significato che spesso viene scritta per prima, i computer si basano sul tratto per riconoscere il carattere che stai digitando. Scrivere con un ordine dei tratti errato rende molto meno probabile che il processore riconosca il carattere che stai cercando, quindi è importante essere ancora più consapevoli quando si studia su uno smartphone.

PUNTI E TRATTINI: SCRIVERE KANJI PER TE STESSO

E questo è tutto. La storia completa e una guida all'apprendimento di questa parte impegnativa ma bellissima del Giapponese. Se hai letto fino a qui, allora hai già una notevole conoscenza dei molti incastri che compongono la forma, il suono e il significato di ogni carattere, quindi resta un'unica domanda:"Come faccio a scriverli da solo?"

Naturalmente, padroneggiare l'arte della calligrafia giapponese è per alcuni un viaggio che dura tutta la vita, e proprio come i maestri calligrafi, non acquisirai una scrittura perfetta dall'oggi al domani. Tuttavia, queste linee guida e principi di base ti aiuteranno a realizzare caratteri equilibrati e belli da vedere!

Come in altri sistemi di scrittura, tanti kanji sono molto simili tra loro e il loro significato può cambiare completamente in base a piccole differenze. Ad esempio, hai mai notato quanto siano simili una "f" minuscola e una "t" minuscola? Come in Italiano, piuttosto che nella dimensione assoluta, queste differenze sono riconosciute nelle lunghezze relative dei tratti rispetto ad altri all'interno del carattere stesso. Ad esempio, due kanji che incontrerai piuttosto presto nel tuo studio, 土 (DO, "terra") e 士 (SHI, "guerriero") sono differenziati solo dalla lunghezza di una delle due righe, come puoi vedere. Questo è anche il caso di 未 (MI, "non ancora") e 末 (MATSU, "fine"), altri due caratteri comuni. Fortunatamente, i concetti rappresentati da questi kanji sono tutti abbastanza diversi, da confondere solo raramente se li scrivi in modo sbagliato; ma tenere traccia delle lunghezze di ogni tratto in relazione agli altri, in ogni carattere che incontri, è un rapido modo per iniziare a scrivere kanji più equilibrati e precisi.

Allo stesso modo, lasciare spazio libero in alcuni caratteri piuttosto che mettere tutto insieme è importante per una scrittura ordinata e leggibile. Ad esempio, 八, il carattere di 8, comincerebbe rapidamente ad assomigliare a 入 (hai-ru, "entrare") senza quello spazio nel mezzo che separa i tratti.

Questi ultimi suggerimenti riguardano meno la scrittura accidentale del carattere sbagliato e più la scrittura dei caratteri, poiché sono scritti tradizionalmente in modo che la tua calligrafia non sembri innaturale. Quando scrivi, presta sempre attenzione a quali tratti si incrociano e a come si intersecano. Quando due tratti si toccano, o si intersecano e un tratto fuoriesce dall'altra linea, oppure formano una T senza che nulla sporga.

Ad esempio, il carattere 止 (to-meru, "stop") ha tutte le sue linee che corrono l'una contro l'altra, ma nessuna continua oltre la linea che tocca. Confronta questo con il carattere 生 (SEI, "vita"), che ha molti tratti che si intersecano. D'altra parte, per i tratti che non si intersecano, quando si raggiunge la fine di un tratto, ci sono 3 modi principali per finirlo. C'è il punto fermo, in cui la penna o il pennello si fermano completamente alla fine della linea. Guardando indietro a 止, possiamo vedere che ogni singolo tratto termina con un punto fermo. Questo è in contrasto con la linea del pennello, che sostanzialmente svanisce quando applichi meno pressione sulla lunghezza del tratto. I caratteri con linee diagonali verso il basso come 大, 人, 木, 本, ecc. usano tutti questa linea. L'ultimo dei modi con cui si terminano i tratti è con una curva o un gancio. I ganci sono più o meno autoesplicativi, a volte quando finisce un tratto, si crea un gancio verso il basso o verso l'alto, ad un angolo quasi retto rispetto alla linea originale. Questo gancio è molto accentuato nei kanji con il radicale "alabarda", come 戈, 式, o 代, come puoi vedere, ma è presente anche nella parte destra del 'cappello' in 学 (GAKU, "imparare").

Le linee curve si vedono più spesso in coppia nella parte inferiore dei caratteri, andando in entrambe le direzioni. Alcuni esempi potrebbero essere 兵, 穴 e 典. Nella scrittura a mano, la curva a sinistra sarà spesso più corta e diritta, mentre la curva a destra sarà meno angolare e impiegherà più tempo a sfumare dalla pagina. Una variante comune di questo modello a due curve in basso ha un gancio all'estremità, come in 見 o 兄.

Ora puoi affrontare con sicurezza lo studio dei kanji con un grande vantaggio nelle regole e nelle tradizioni del sistema di scrittura. La conoscenza dei radicali e dei mnemonici dà una spinta alla memorizzazione, le componenti del suono a volte ti forniscono una scorciatoia se sai come viene pronunciata la componente sonora, e la tua conoscenza dell'ordine dei tratti e delle linee guida di scrittura ti permetterà di imparare e scrivere bellissimi caratteri fin dall'inizio. Buona fortuna e 頑張りましょう (fai del tuo meglio)!

Parte 7

N5 KANJI
DIAGRAMMI
ORDINE CORSA

ONYOMI   KUNYOMI

ニチ、ジツ   ひ、-び、-か

nichi, jitsu   *hi, -bi, -ka*

VOCABOLARIO

毎日(まいにち)	ogni giorno	明日(あした)	domani
今日 (きょう)	oggi	休日（きゅうじつ）	giorno libero
昨日(きのう)	eri	日曜日(にちようび)	Domenica

ORDINE DEI TRATTI   Come viene disegnato questo Kanji

PRATICA   Traccia e pratica il Kanji qui sotto

STILI   日   日   日   日   日   日   日   日

125

KANJI #	RADICALE	TRATTI	SIGNIFICATO	UNICODE
0001	一	1	**Uno**	**4E00**

ONYOMI

イチ

ichi

KUNYOMI

ひと(つ)

hito(tsu)

VOCABOLARIO

一〇〇 (ひゃく)   **Cento**
一人(ひとり)   **Una persona**
一緒に(いっしょ)   **Insieme (a)**

一番 (いちばん)   **Primo posto**
一度(いちど)   **Una volta**

ORDINE DEI TRATTI   Come viene disegnato questo Kanji

PRATICA   Traccia e pratica il Kanji qui sotto

STILI   一   一   一   一   一   一   一   一

KANJI #	RADICALE	TRATTI	SIGNIFICATO	UNICODE
0624	囗	8	**Paese**	**56FD**

ONYOMI

コク
koku

KUNYOMI

くに
kuni

VOCABOLARIO

国家 (こっか)　Stato
国際 (こくさい)　Internazionale
国籍 (こくせき)　Nazionalità

外国 (がいこく)　Paese straniero
全国 (ぜんこく)　A livello nazionale
国土 (こくど)　nazione

ORDINE DEI TRATTI

Come viene disegnato questo Kanji

PRATICA

Traccia e pratica il Kanji qui sotto

STILI　国　国　国　国　国　国　国　国

KANJI #	RADICALE	TRATTI	SIGNIFICATO	UNICODE
0012	人	2	**Persona**	**4EBA**

人

ONYOMI

ジン、ニン

jin, nin

KUNYOMI

ひと

hito

VOCABOLARIO

人生 (じんせい) — Vita
人口 (じんこう) — Popolazione
人類 (じんるい) — Umanità

二人 (ふたり) — Due persone
犯人 (はんにん) — Colpevole
友人 (ゆうじん) — amico

ORDINE DEI TRATTI   Come viene disegnato questo Kanji

PRATICA   Traccia e pratica il Kanji qui sotto

STILI

KANJI #	RADICALE	TRATTI	SIGNIFICATO		UNICODE
1114	干	6	Anno, contatore di anni		5E74

年

ONYOMI

ネン
nen

KUNYOMI

とし
toshi

VOCABOLARIO

年齢 (ねんれい)	Età; anni	毎年 (まいとし)	Ogni anno
年月 (としつき)	Mesi e anni	今年 (ことし)	Questo anno
年金 (ねんきん)	Annualità; pensione	来年 (らいねん)	Prossimo anno

ORDINE DEI TRATTI

Come viene disegnato questo Kanji

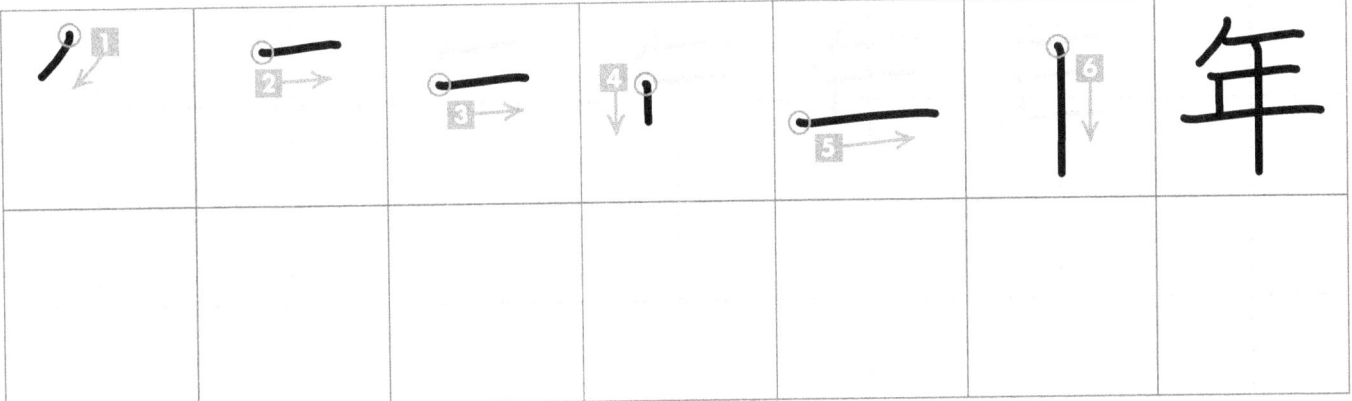

PRATICA

Traccia e pratica il Kanji qui sotto

STILI 年 年 年 年 年 年 年 年

KANJI #	RADICALE	TRATTI	SIGNIFICATO	UNICODE
0112	大	3	**Grande, grosso**	5927

ONYOMI

ダイ、タイ

dai, tai

KUNYOMI

おお(きい)

oo(kii)

VOCABOLARIO

大人 (おとな)	Adulto
大きい (おお)	Grande, grosso
大会 (たいかい)	Convegno

肥大 (ひだい)	Rigonfiamento; ingrandire
特大 (とくだい)	Extra grande
絶大 (ぜつだい)	enorme

ORDINE DEI TRATTI   Come viene disegnato questo Kanji

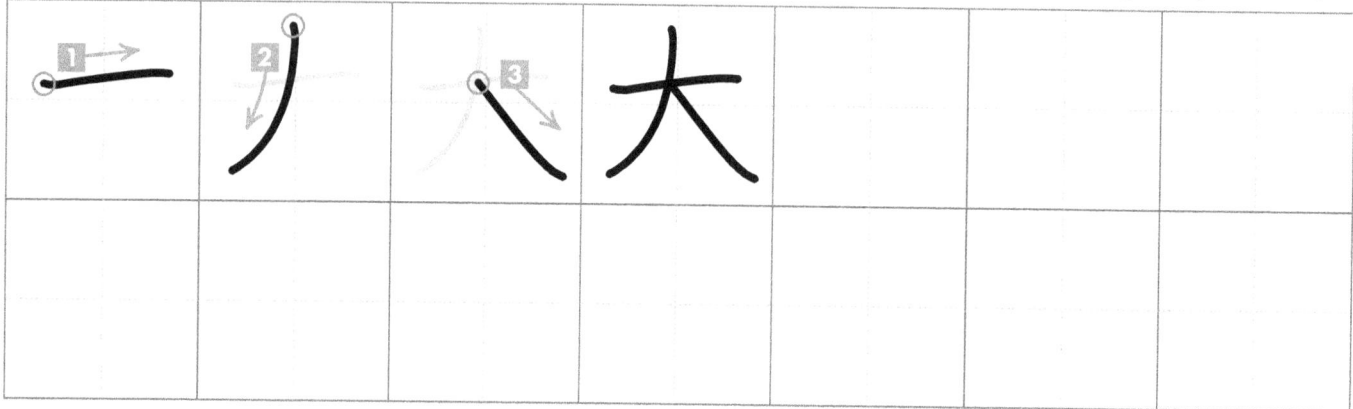

PRATICA   Traccia e pratica il Kanji qui sotto

STILI   大　大　大　大　大　大　★　大

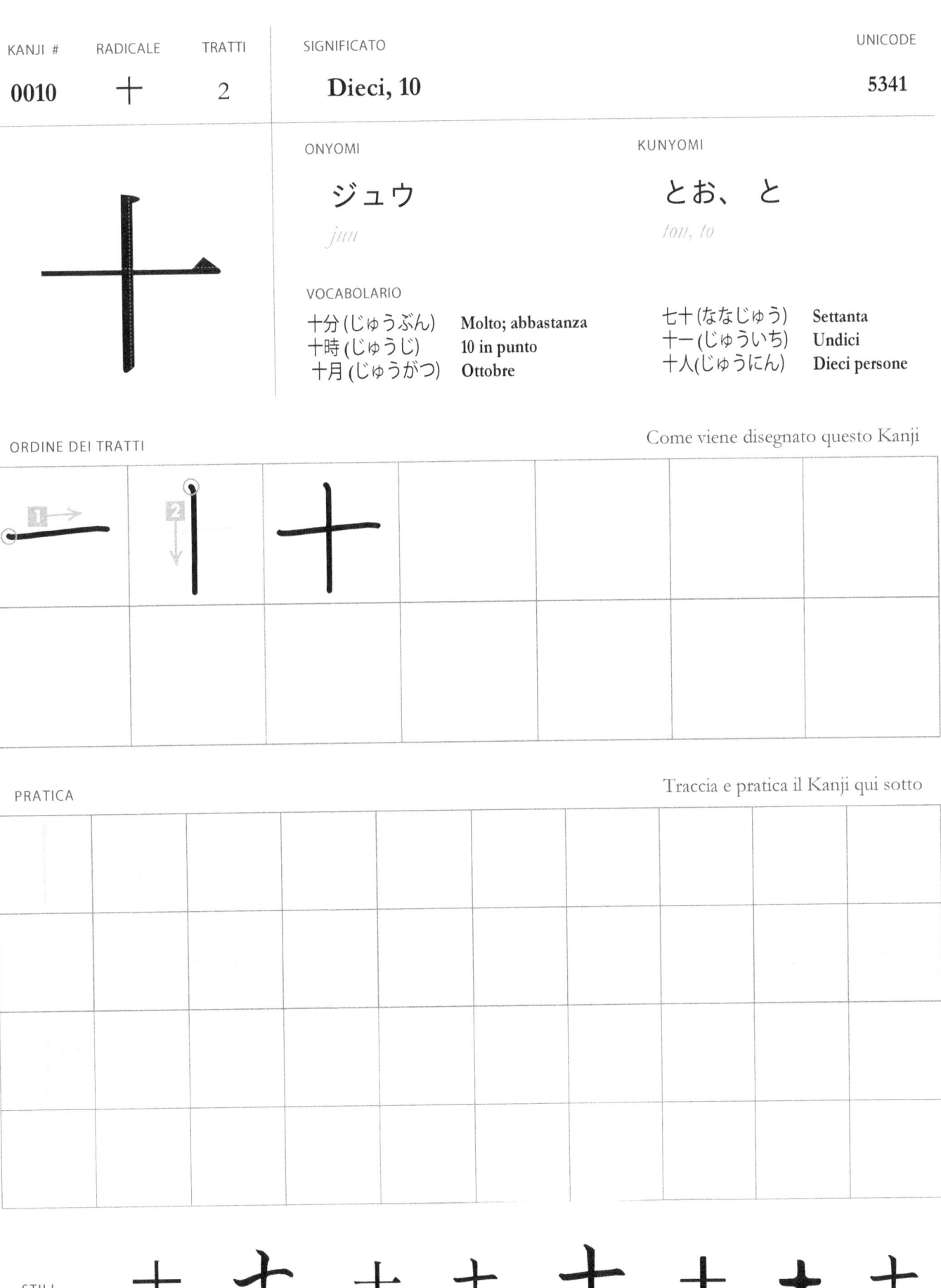

ONYOMI

ジュウ
juu

KUNYOMI

とお、と
tou, to

VOCABOLARIO

十分 (じゅうぶん)	**Molto; abbastanza**
十時 (じゅうじ)	**10 in punto**
十月 (じゅうがつ)	**Ottobre**

七十 (ななじゅう)	**Settanta**
十一 (じゅういち)	**Undici**
十人 (じゅうにん)	**Dieci persone**

ORDINE DEI TRATTI

Come viene disegnato questo Kanji

PRATICA

Traccia e pratica il Kanji qui sotto

STILI

| 0012 | 二 | 2 | **Due, 2** | **4E8C** |

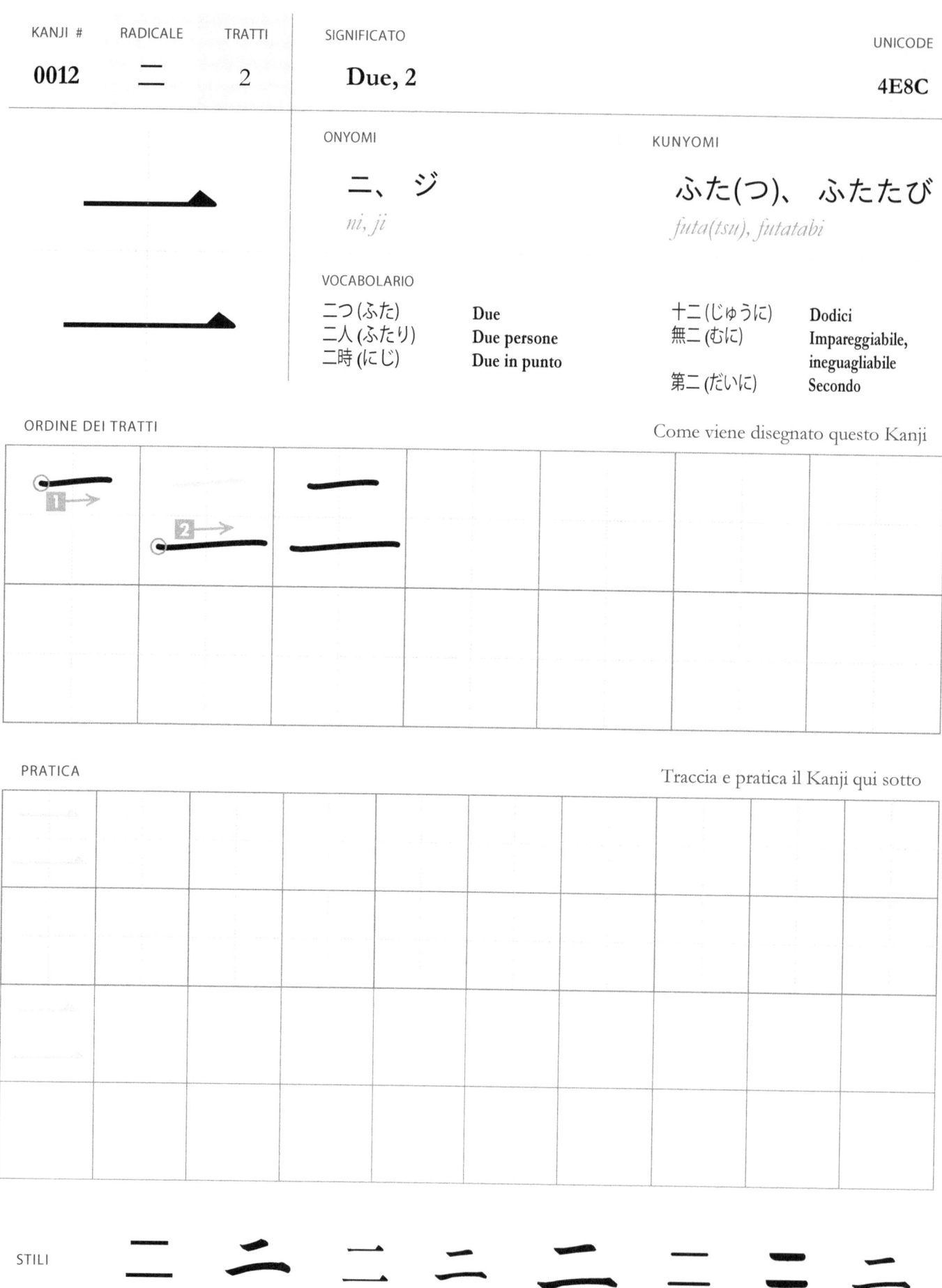

ONYOMI

二、ジ

ni, ji

KUNYOMI

ふた(つ)、 ふたたび

futa(tsu), futatabi

VOCABOLARIO

二つ (ふた)   Due
二人 (ふたり)   Due persone
二時 (にじ)   Due in punto

十二 (じゅうに)   Dodici
無二 (むに)   Impareggiabile, ineguagliabile
第二 (だいに)   Secondo

ORDINE DEI TRATTI

Come viene disegnato questo Kanji

PRATICA

Traccia e pratica il Kanji qui sotto

STILI

KANJI #	RADICALE	TRATTI	SIGNIFICATO	UNICODE
0224	木	5	Libro, regalo, vero, contatore per lunghi oggetti cilindrici	672C

ONYOMI

ホン
hon

KUNYOMI

もと
moto

VOCABOLARIO

本来 (ほんらい) Originariamente; primariamente

本名 (ほんみょう) Nome vero

本日 (ほんじつ) Oggi

日本 (にほん) Giappone

基本 (きほん) Fondamenta; basi

手本 (てほん) Quaderno

ORDINE DEI TRATTI

Come viene disegnato questo Kanji

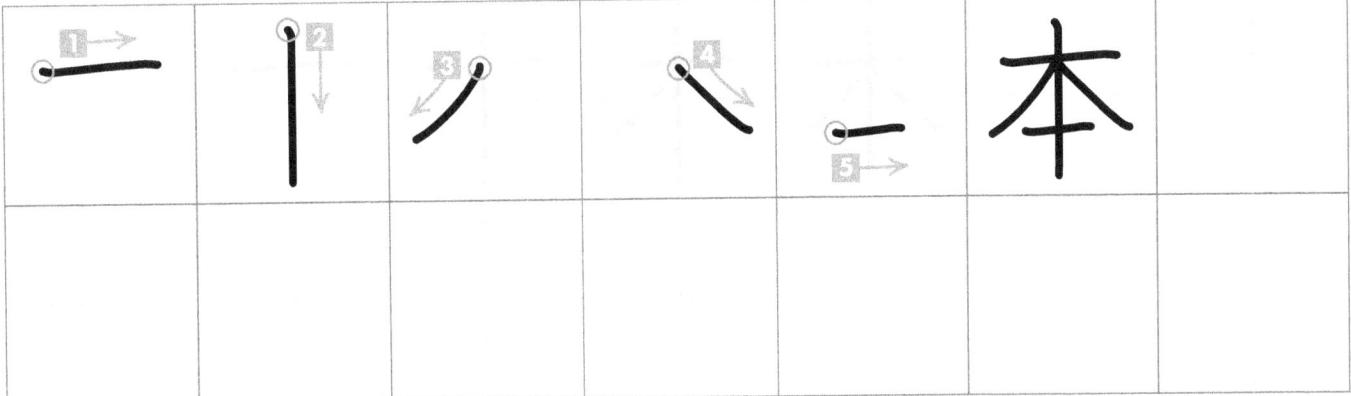

PRATICA

Traccia e pratica il Kanji qui sotto

STILI　本 本 本 本 本 本 本 本

KANJI #	RADICALE	TRATTI	SIGNIFICATO	UNICODE

0039 | | | **4** | **Dentro, interno, nel mezzo, mezzo, centro** | **4E2D**

ONYOMI

チュウ

chuu

KUNYOMI

なか、うち、あた(る)

naka, uchi, ata(ru)

VOCABOLARIO

中国 (ちゅうごく)	Cina	途中 (とちゅう)	Sulla strada
中止 (ちゅうし)	Sospensione	集中 (しゅうちゅう)	Concentrazione
中身 (なかみ)	Contenuti	市中 (しちゅう)	In città

ORDINE DEI TRATTI

Come viene disegnato questo Kanji

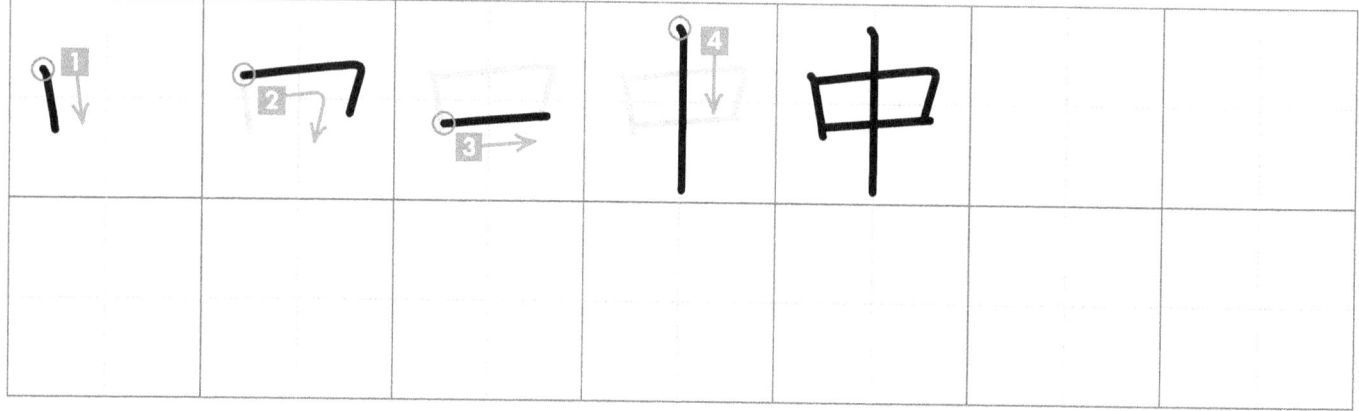

PRATICA

Traccia e pratica il Kanji qui sotto

STILI

KANJI #	RADICALE	TRATTI	SIGNIFICATO	UNICODE
2070	長	8	Lungo, leader, superiore, anziano	9577

長

ONYOMI

チョウ

chou

KUNYOMI

なが(い)、 おさ

naga(i), osa

VOCABOLARIO

長年 (ながねん)　A lungo
長期 (ちょうき)　Lungo termine
長所 (ちょうしょ)　Punto focale

社長 (しゃちょう)　Presidente della società
全長 (ぜんちょう)　Lunghezza totale
機長 (きちょう)　Pilota

ORDINE DEI TRATTI

Come viene disegnato questo Kanji

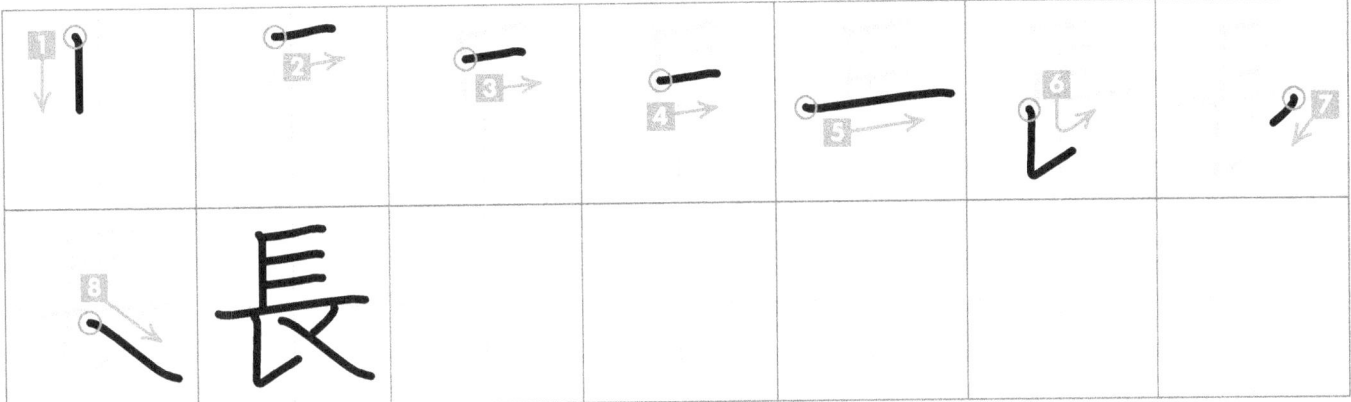

PRATICA

Traccia e pratica il Kanji qui sotto

STILI　長　長　長　長　長　長　長　長

KANJI #	RADICALE	TRATTI	SIGNIFICATO	UNICODE
0829	凵	5	**Uscita, andare via, uscire**	**51FA**

ONYOMI

シュツ、スイ

shutsu, sui

KUNYOMI

で(る)、だ(す)、い(でる)

de(ru), da(su), i(deru)

VOCABOLARIO

出発 (しゅっぱつ) **Partenza**
出口 (でぐち) **Uscita**
出版 (しゅっぱん) **Pubblicazione**

見出し (みだ) **Titolo**
演出 (えんしゅつ) **Produzione**
出来事 (できごと) **Incidente**

ORDINE DEI TRATTI   Come viene disegnato questo Kanji

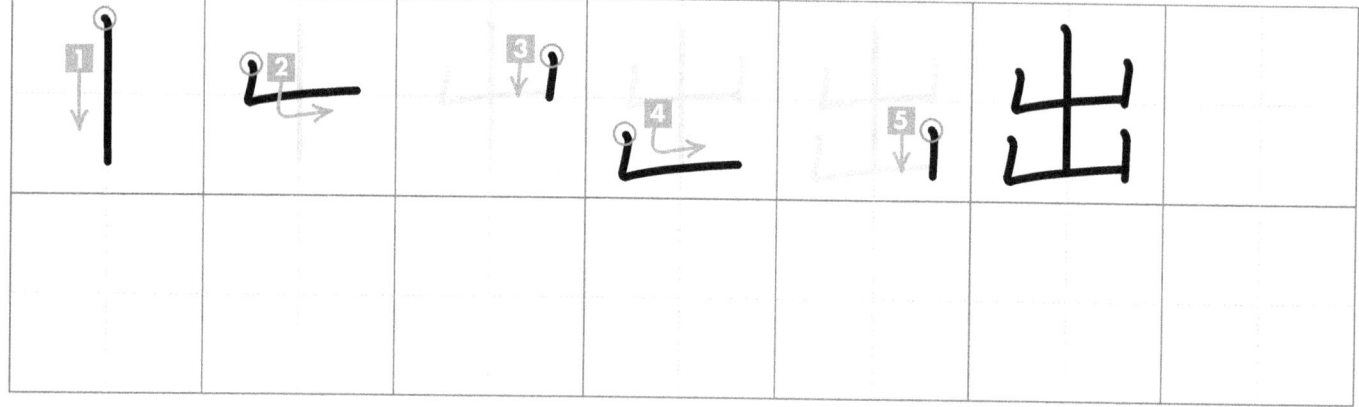

PRATICA   Traccia e pratica il Kanji qui sotto

STILI   出 出 出 出 出 出 出 出

ONYOMI

サン

san

KUNYOMI

み(つ)

mi(tsu)

VOCABOLARIO

三つ (みっ)	Tre	十三 (じゅうさん)	Tredici
三時 (さんじ)	3 in punto	二三 (にさん)	Due o tre
三角 (さんかく)	Triangolo	単三 (たんさん)	Tipo AA

ORDINE DEI TRATTI

Come viene disegnato questo Kanji

PRATICA

Traccia e pratica il Kanji qui sotto

STILI

KANJI #	RADICALE	TRATTI	SIGNIFICATO	UNICODE
0171	日	10	**Tempo, ora**	**6642**

ONYOMI

ジ

ji

KUNYOMI

とき、-どき

toki, doki

VOCABOLARIO

時計 (とけい) — guarda; orologio
時半 (じはん) — Circa un'ora
時差 (じさ) — Differenza temporale

日時 (にちじ) — Data e orario
何時 (いつ) — Quando; quanto presto
同時 (どうじ) — simultaneamente

ORDINE DEI TRATTI — Come viene disegnato questo Kanji

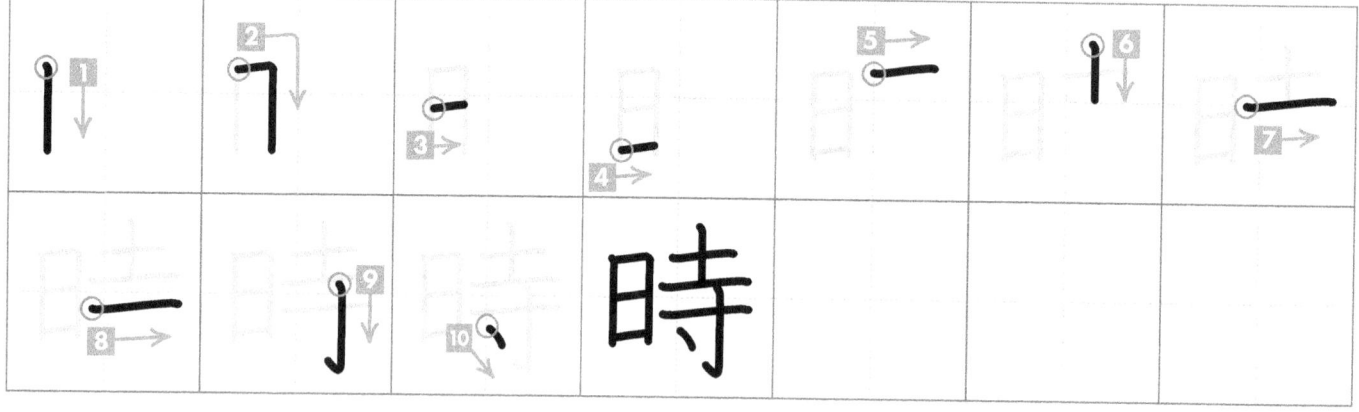

PRATICA — Traccia e pratica il Kanji qui sotto

STILI 時 時 時 時 時 時 時 時

KANJI #	RADICALE	TRATTI	SIGNIFICATO	UNICODE
0938	行	6	Andare, viaggiare, portare a termine, allineare, riga	884C

行

ONYOMI

コウ、 ギョウ、 アン

kou, gyou, an

KUNYOMI

い(く)、 ゆ(く)、
おこな(う)

i(ku), yu(ku), okona(u)

VOCABOLARIO

行き (ゆ)	obbligato a	旅行 (りょこう)	viaggiare; viaggio
行事 (ぎょうじ)	evento; funzione	銀行 (ぎんこう)	Banca
行政 (ぎょうせい)	Amministrazione	流行 (りゅうこう)	moda

ORDINE DEI TRATTI

Come viene disegnato questo Kanji

PRATICA

Traccia e pratica il Kanji qui sotto

STILI 行 行 行 行 行 行 行

0061 見 7

SIGNIFICATO

vedere, speranze, possibilità, idea, opinione, guardare

UNICODE 898B

見

ONYOMI

ケン
ken

KUNYOMI

み(る)、 み(せる)
mi(ru), mi(seru)

VOCABOLARIO

見る (み)   vedere; guardare
見出し (みだ)   Intestazione
見解 (けんかい)   Opinione

発見 (はっけん)   Scoperta
一見 (いっけん)   Guardare; occhiata
会見 (かいけん)   colloquio

ORDINE DEI TRATTI

Come viene disegnato questo Kanji

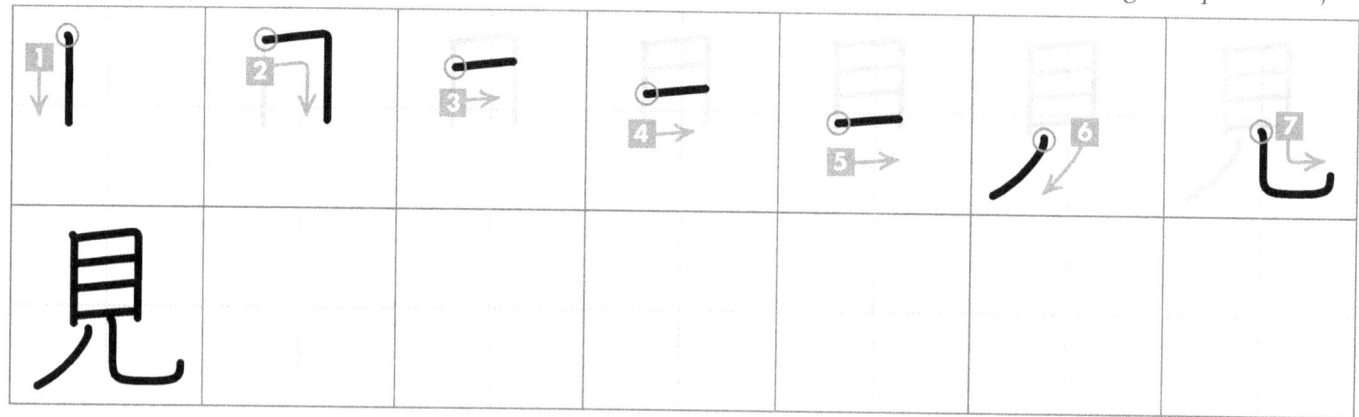

PRATICA

Traccia e pratica il Kanji qui sotto

STILI   見 見 見 見 見 見 見 見

KANJI #	RADICALE	TRATTI	SIGNIFICATO	UNICODE
0013	日	4	**Mese, luna**	6708

ONYOMI

ゲツ、ガツ
getsu, gatsu

KUNYOMI

つき
tsuki

VOCABOLARIO

月曜 (げつよう)　　Lunedì
月日 (つきひ)　　　Tempo; anni,
　　　　　　　　　　giorni
月給 (げっきゅう)　Salario mensile

毎月 (まいつき)　　Ogni mese
今月 (こんげつ)　　Questo mese
来月 (らいげつ)　　Prossimo mese

ORDINE DEI TRATTI

Come viene disegnato questo Kanji

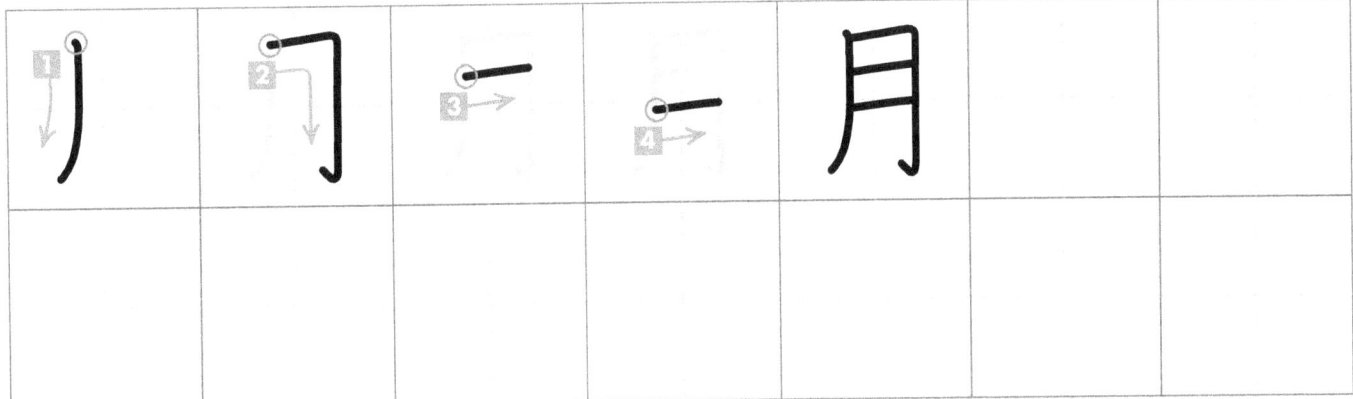

PRATICA

Traccia e pratica il Kanji qui sotto

STILI　月　月　月　月　月　月　月　月

KANJI #	RADICALE	TRATTI	SIGNIFICATO	UNICODE
0844	刀	4	**Parte, minuto di tempo, comprendere**	5206

分

ONYOMI

ブン、フン、ブ
bun, fun, bu

KUNYOMI

わ(ける)
wa(keru)

VOCABOLARIO

分かる (わ) — **Comprendere**
分野 (ぶんや) — **Campo; sfera**
分析 (ぶんせき) — **Analisi**

半分 (はんぶん) — **Metà**
自分 (じぶん) — **Me stesso, te stesso**
気分 (きぶん) — **Sentimento; umore**

ORDINE DEI TRATTI

Come viene disegnato questo Kanji

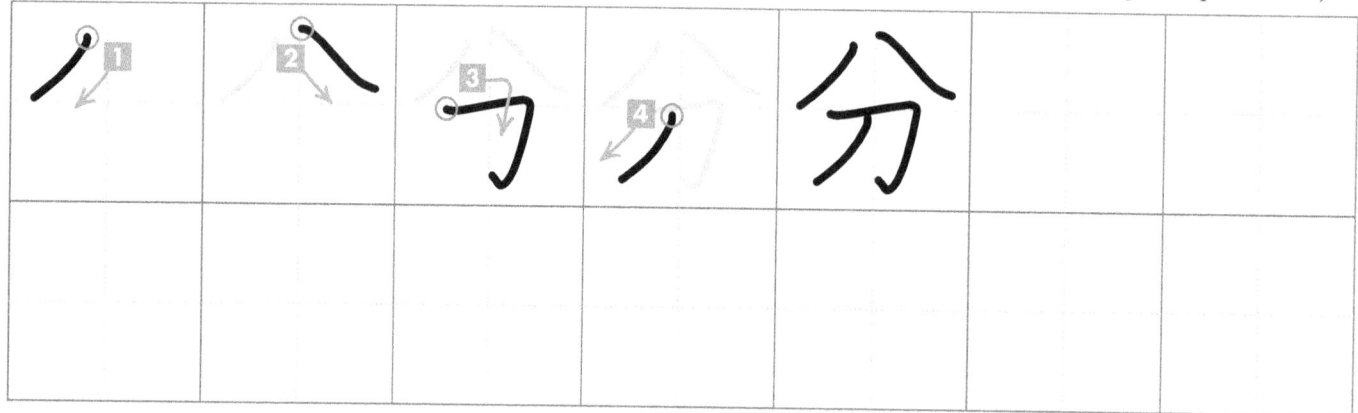

PRATICA

Traccia e pratica il Kanji qui sotto

STILI 分 **分** 分 分 **分** 分 **分** 分

KANJI #	RADICALE	TRATTI	SIGNIFICATO	UNICODE
1479	彳	9	**Dietro, posteriore, più tardi**	**5F8C**

ONYOMI

ゴ、コウ

go, kou

KUNYOMI

のち、うし(ろ)、あと

nochi, ushi(ro), ato

VOCABOLARIO

後ろ (うし) — Dietro; posteriore
後半 (こうはん) — Seconda metà
後で (あと) — Successivamente

今後 (こんご) — Da ora in poi
午後 (ごご) — Pomeriggio; p.m.
前後 (ぜんご) — Fronte e retro

ORDINE DEI TRATTI

Come viene disegnato questo Kanji

PRATICA

Traccia e pratica il Kanji qui sotto

STILI 後 後 後 後 後 後 後 後

0309 刀 9

Davanti, prima

524D

ONYOMI

ゼン
zen

KUNYOMI

まえ
mae

VOCABOLARIO

前半 (ぜんはん) **Prima metà**
前進 (ぜんしん) **Avanza, guida**
前日 (ぜんじつ) **Giorno precedente**

名前 (なまえ) **Nome; nome completo**
午前 (ごぜん) **Mattina; a.m.**
出前 (でまえ) **Catering; consegna a domicilio**

ORDINE DEI TRATTI

Come viene disegnato questo Kanji

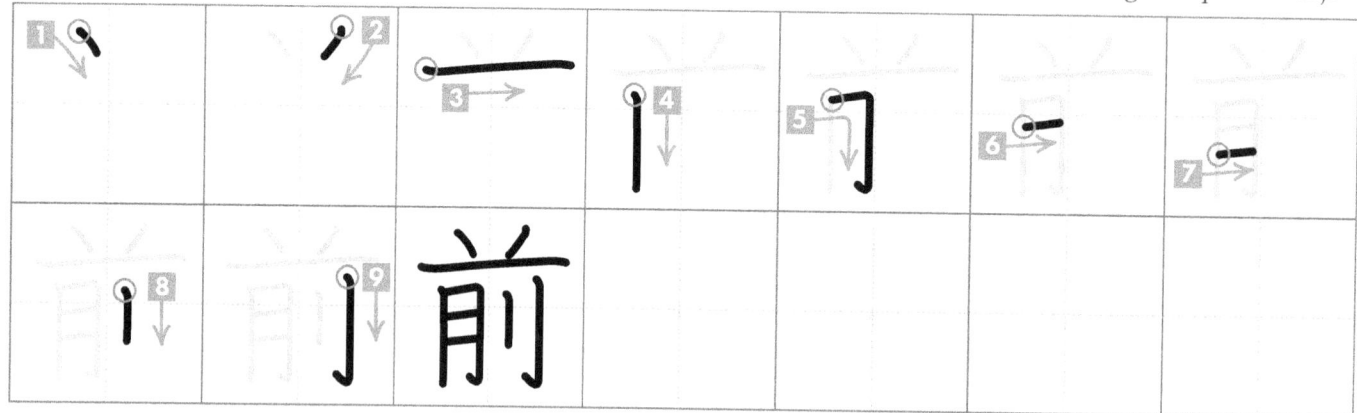

PRATICA

Traccia e pratica il Kanji qui sotto

STILI 前 前 前 前 前 前 前 前

KANJI #	RADICALE	TRATTI	SIGNIFICATO	UNICODE
1675	生	5	**Vita, genuino, nascita**	**751F**

生

ONYOMI

セイ、ショウ

sei, shou

KUNYOMI　い(きる), う(む)、
お(う)、は(える)、なま

i(kiru), u(mu), o(u), ha(eru), nama

VOCABOLARIO

生徒 (せいと)　　Scolaro
生きる (い)　　Vivere; esistere
生命 (せいめい)　Vita; esistenza

学生 (がくせい)　Studente
先生 (せんせい))　Insegnante;
　　　　　　　　maestro
一生 (いっしょう)　Intera vita

ORDINE DEI TRATTI

Come viene disegnato questo Kanji

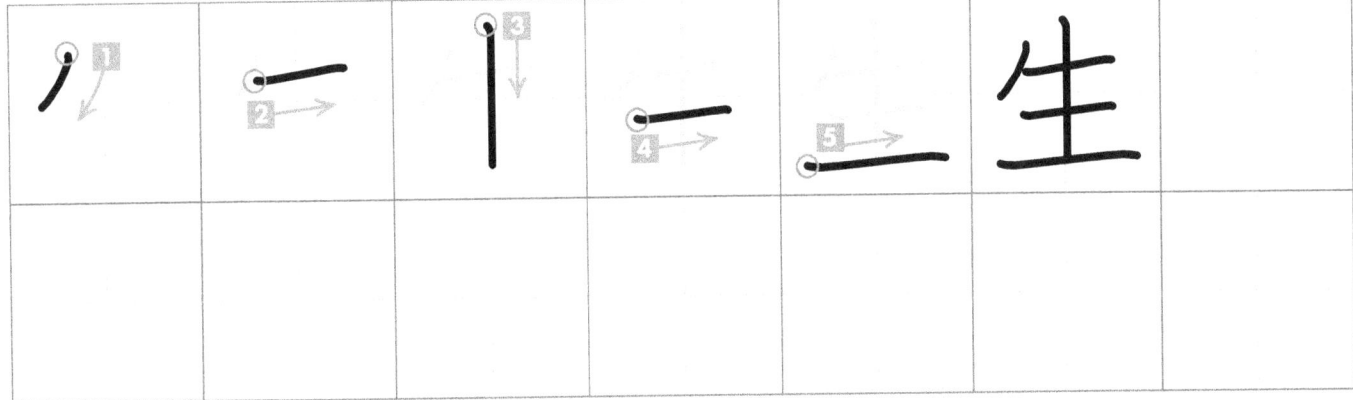

PRATICA

Traccia e pratica il Kanji qui sotto

STILI　生　生　生　生　生　生　生

KANJI #	RADICALE	TRATTI	SIGNIFICATO		UNICODE
0005	二	4	**Cinque, 5**		**4E94**

ONYOMI

ゴ

go

KUNYOMI

いつ(つ)

itsu(tsu)

VOCABOLARIO

五日 (いつか)	Cinque giorni	十五 (じゅうご)	Quindici
五時 (ごじ)	Cinque in punto	単五 (たんご)	Tipo N (batteria)
五百 (ごひゃく)	500	第五 (だいご)	quinto

ORDINE DEI TRATTI

Come viene disegnato questo Kanji

PRATICA

Traccia e pratica il Kanji qui sotto

STILI 五 五 五 五 五 五 五 五

KANJI #	RADICALE	TRATTI	SIGNIFICATO	UNICODE
1747	門	12	Intervallo, spazio	9593

間

ONYOMI

カン、ケン

kan, ken

KUNYOMI

あいだ、ま、あい

aida, ma, ai

VOCABOLARIO

間接 (かんせつ)　Indiretto
間隔 (かんかく)　Spazio, intervallo
間近 (まぢか)　Prossimità; vicinezza

人間 (にんげん)　Essere umano
期間 (きかん)　Periodo; termine
世間 (せけん)　Mondo; società

ORDINE DEI TRATTI

Come viene disegnato questo Kanji

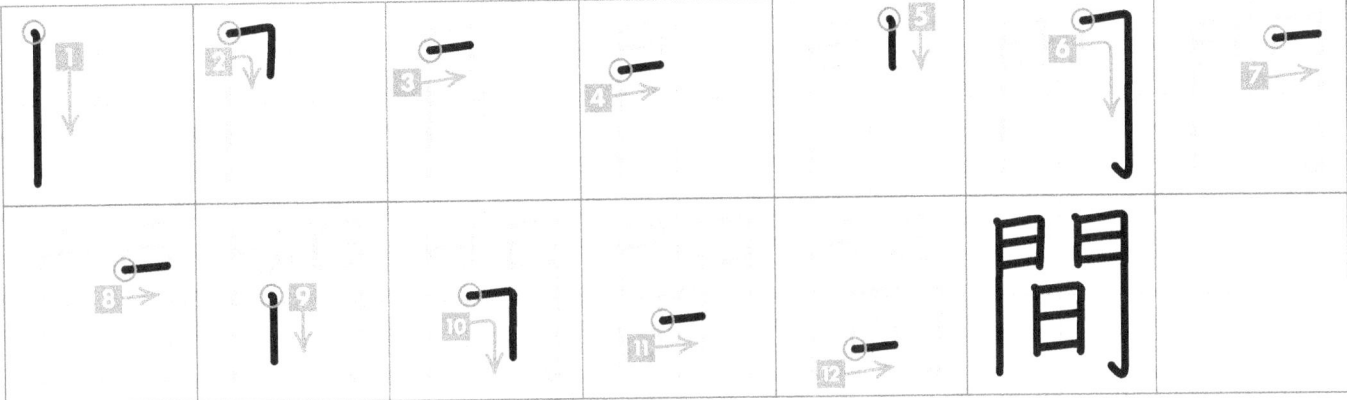

PRATICA

Traccia e pratica il Kanji qui sotto

STILI　間 間 間 間 間 間 間 間

KANJI #	RADICALE	TRATTI	SIGNIFICATO		UNICODE
0050	一	3	**Sopra, su**		**4E0A**

ONYOMI ジョウ、ショウ、シャン

jou, shou, shan

KUNYOMI うえ、 うわ-
うえ、 うわ-、 かみ、 あ(げる)、
のぼ(る)、 たてまつ(る)

ue, uwa, kami, a(geru), nobo(ru), tatematsu(ru)

VOCABOLARIO

上下 (じょうげ)	Sopra e sotto	以上 (いじょう)	Non meno di
上り (のぼ)	Ascesa; scalare	屋上 (おくじょう)	Tetto
上る (のぼ)	Ascendere; andare su	年上 (としうえ)	Più vecchio; anziano

ORDINE DEI TRATTI

Come viene disegnato questo Kanji

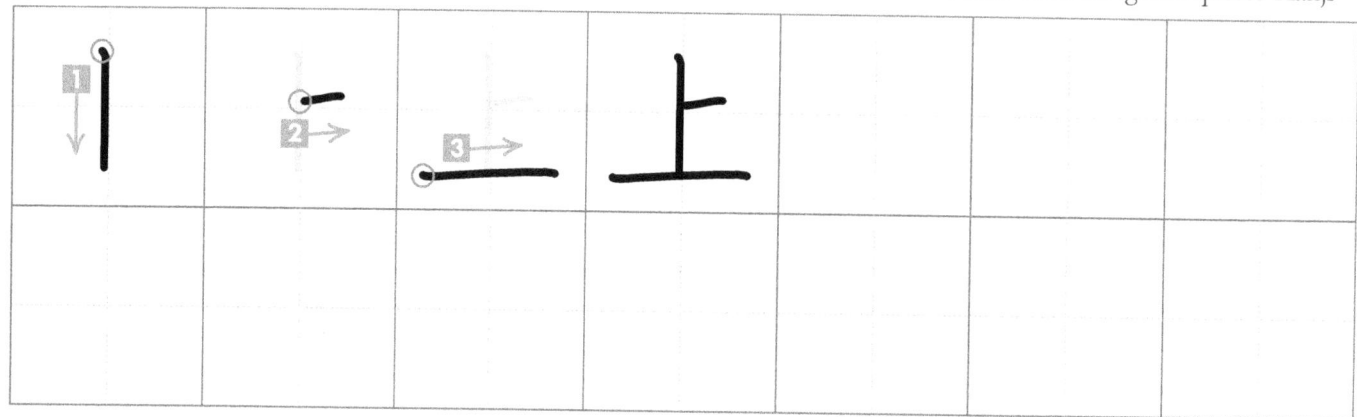

PRATICA

Traccia e pratica il Kanji qui sotto

STILI 上 上 上 上 上 上 上 上

KANJI #	RADICALE	TRATTI	SIGNIFICATO	UNICODE
0543	木	8	Est	6771

東

ONYOMI

トウ

tou

KUNYOMI

ひがし

higashi

VOCABOLARIO

東西 (とうざい)	Est e ovest	北東 (ほくとう)	nordest
東洋 (とうよう)	Oriente	南東 (なんとう)	Sudest
東北 (とうほく)	Nord-est; Tohoku	東京 (とうきょう)	Tokyo

ORDINE DEI TRATTI

Come viene disegnato questo Kanji

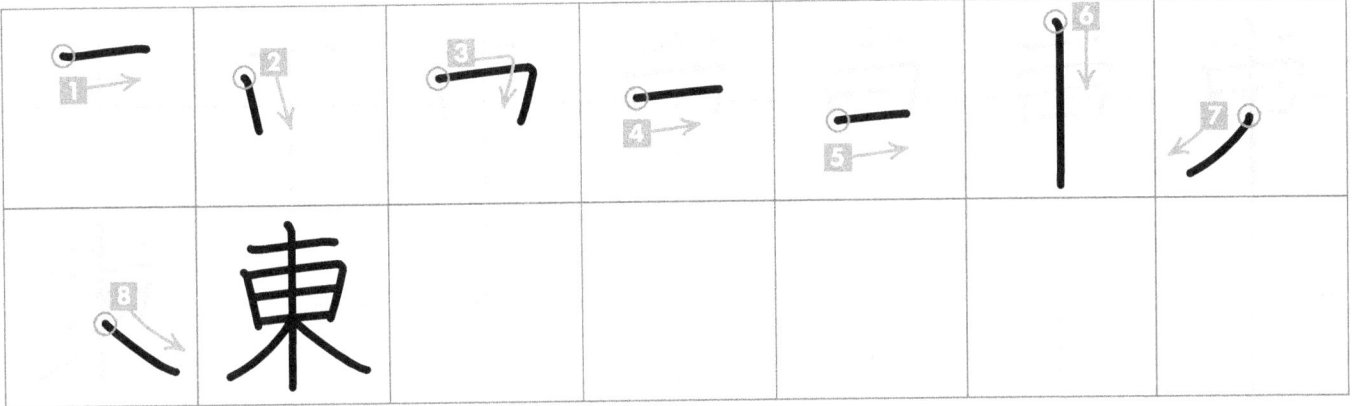

PRATICA

Traccia e pratica il Kanji qui sotto

STILI   東 東 東 東 東 東 東 東

KANJI #	RADICALE	TRATTI	SIGNIFICATO	UNICODE
0004	囗	5	**Quattro, 4**	**56DB**

ONYOMI

シ
shi

KUNYOMI

よ(つ)、よん
yo(tsu), yon

VOCABOLARIO

四季 (しき)	**Quattro stagioni**	十四 (じゅうよん)	**Quattordici**
四月 (しがつ)	**Aprile**	真四角 (ましかく)	**Quadrato**
四十 (よんじゅう)	**Quaranta**	長四角 (ながしかく)	**Rettangolo**

ORDINE DEI TRATTI

Come viene disegnato questo Kanji

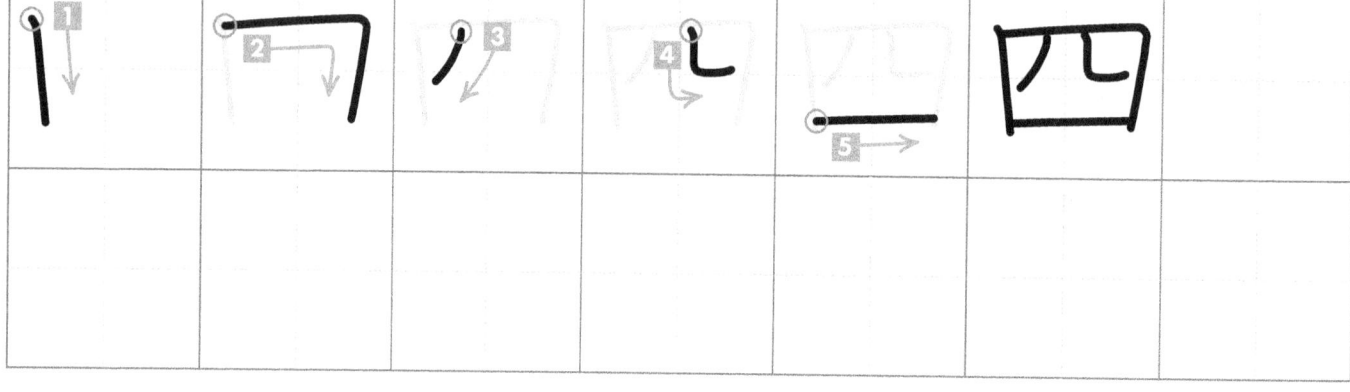

PRATICA

Traccia e pratica il Kanji qui sotto

STILI　四　四　四　四　四　四　四　四

KANJI #	RADICALE	TRATTI	SIGNIFICATO	UNICODE
1711	人	4	**Ora, il present**	**4ECA**

今

ONYOMI

コン、キン
kon, kin

KUNYOMI

いま
ima

VOCABOLARIO

今日 (きょう)   **Oggi; questo giorno**
今年 (ことし)   **Questo anno**
今月 (こんげつ)   **Questo mese**

今度 （こんど）   **Questo periodo**
今朝 （けさ）   **Questa mattina**
今週 （こんしゅう） **Questa settimana**

ORDINE DEI TRATTI   Come viene disegnato questo Kanji

PRATICA   Traccia e pratica il Kanji qui sotto

STILI 

KANJI #	RADICALE	TRATTI	SIGNIFICATO	UNICODE
0287	金	8	**Oro**	**91D1**

金

ONYOMI

キン、コン、ゴン

kin, kon, gon

KUNYOMI

かね、かな-、-がね

kane, kana, gane

VOCABOLARIO

金属 (きんぞく)	Metallo	料金 (りょうきん)	Tassa; quota
金曜 (きんよう)	Venerdì	借金 (しゃっきん)	Debito; prestito
金銭 (きんせん)	Soldi; contante	資金 (しきん)	Fondi; capitale

ORDINE DEI TRATTI

Come viene disegnato questo Kanji

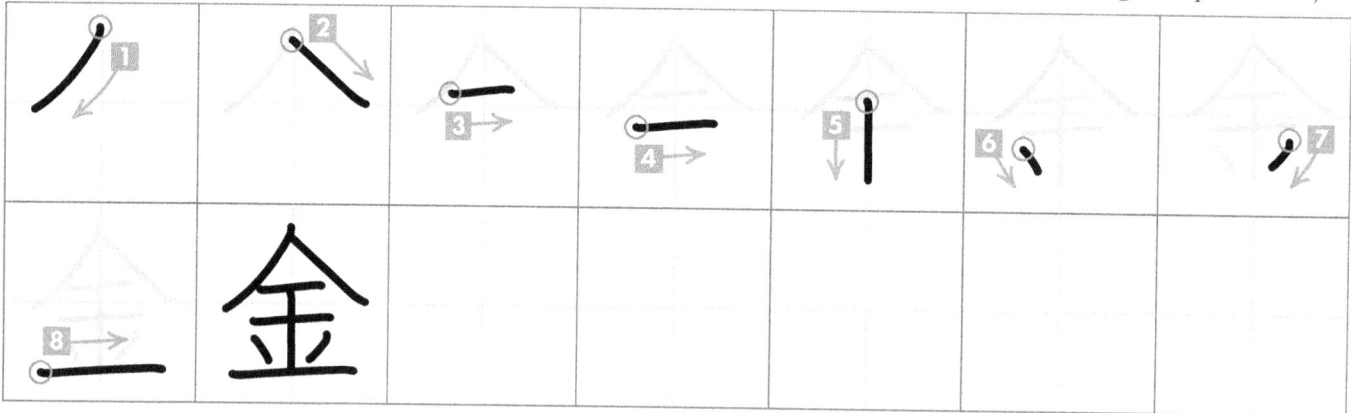

PRATICA

Traccia e pratica il Kanji qui sotto

STILI   金　金　金　金　金　金　金　金

KANJI #	RADICALE	TRATTI	SIGNIFICATO	UNICODE
0009	乛	2	**Nove, 9**	**4E5D**

九

ONYOMI

キュウ、ク

kyuu, ku

KUNYOMI

ここの(つ)

kokono(tsu)

VOCABOLARIO

九月 (くがつ) — Settembre
九時 (くじ) — Nove in punto
九分 (くぶ) — Nove parti

二九 (にく) — Ventinove
八九分 (はっくぶ) — Vicino; quasi
十九 (じゅうきゅう) — diciannove

ORDINE DEI TRATTI

Come viene disegnato questo Kanji

ノ 乙 九

PRATICA

Traccia e pratica il Kanji qui sotto

STILI 九 九 九 九 九 九 九 九

KANJI #	RADICALE	TRATTI	SIGNIFICATO		UNICODE
0842	入	2	Inviare; inserire		5165

入

ONYOMI

ニュウ

nyuu

KUNYOMI

い(る)、はい(る)

i(ru), hai(ru)

VOCABOLARIO

入る (はい) — Entrare; andare dentro
入場 (にゅうじょう) — Entrata; ammissione
入力 (にゅうりょく) — Inputa; data entry

収入 (しゅうにゅう) — Reddito; scontrini
購入 (こうにゅう) — Acquisto; comprare
加入 (かにゅう) — Diventare membro

ORDINE DEI TRATTI

Come viene disegnato questo Kanji

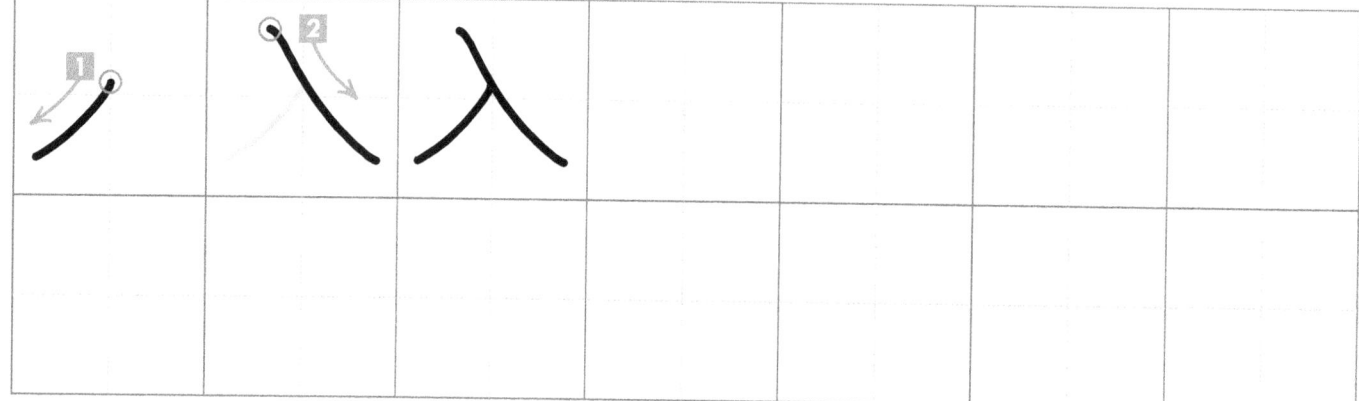

PRATICA

Traccia e pratica il Kanji qui sotto

STILI

KANJI #	RADICALE	TRATTI	SIGNIFICATO	UNICODE
0346	子	8	Studio, apprendimento, scienza	5B66

学

ONYOMI

ガク
gaku

KUNYOMI

まな(ぶ)
mana(bu)

VOCABOLARIO

学校 (がっこう)	Scuola	中学 (ちゅうがく)	Scuola media
学生 (がくせい)	Studente	科学 (かがく)	Scienza
学習 (がくしゅう)	Studio, apprendimento	文学 (ぶんがく)	Letteratura

ORDINE DEI TRATTI

Come viene disegnato questo Kanji

PRATICA

Traccia e pratica il Kanji qui sotto

STILI 学 学 学 学 学 学 学 学

KANJI #	RADICALE	TRATTI	SIGNIFICATO	UNICODE
0329	高	10	Alto, in alto, costoso	9AD8

高

ONYOMI

コウ
kou

KUNYOMI

たか(い)
taka(i)

VOCABOLARIO

高い (たか) — Alto, in alto
高度 (こうど) — Altitudine, altezza
高速 (こうそく) — Alta velocità; marce alte

最高 (さいこう) — Il più alto; il migliore
標高 (ひょうこう) — Elevazione
小高い (こだか) — Leggermente rialzato

ORDINE DEI TRATTI

Come viene disegnato questo Kanji

PRATICA

Traccia e pratica il Kanji qui sotto

STILI 高 高 高 高 高 高 高 高

Cerchio, yen (moneta giapponese), rotondo

ONYOMI

エン

en

KUNYOMI

まる(い)

maru(i)

VOCABOLARIO

円い (まる)　　Rotondo; circolare
円滑 (えんかつ)　Dolce; indisturbato
円盤 (えんばん)　Disco; dischetto; piatto

楕円 (だえん)　Ellissi
半円 (はんえん)　Semicerchio
大円 (だいえん)　Grande cerchio

ORDINE DEI TRATTI

Come viene disegnato questo Kanji

PRATICA

Traccia e pratica il Kanji qui sotto

STILI　　円　円　円　円　円　円　円　円

SIGNIFICATO		UNICODE

0099   子   3

Bambino

5B50

ONYOMI

シ、ス、ツ
shi, su, tsu

KUNYOMI

こ、-こ(ね)
ko, ne

子

VOCABOLARIO

子孫 (しそん)	Discendente	男子 (だんし)	Giovane; ragazzo
子女 (しじょ)	Figli e figlie	電子 (でんし)	Elettrone
子分 (こぶん)	Scagnozzo; seguace	女子 (じょし)	Donna; ragazza

ORDINE DEI TRATTI   Come viene disegnato questo Kanji

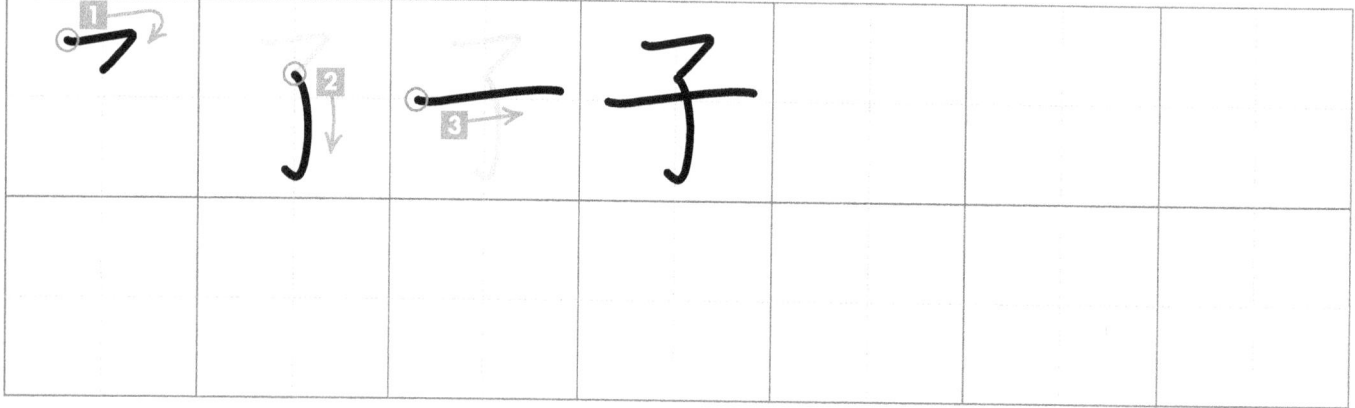

PRATICA   Traccia e pratica il Kanji qui sotto

STILI   子 子 子 子 子 子 子 子

KANJI #	RADICALE	TRATTI	SIGNIFICATO	UNICODE
0116	夕	5	**Fuori**	5916

外

ONYOMI

ガイ、ゲ

gai, ge

KUNYOMI

そと、 ほか、
はず(す)、 と-

soto, hoka, hazu-, to-

VOCABOLARIO

外国 (がいこく)	Paese straniero	海外 (かいがい)	Straniero; all'estero
外部 (がいぶ)	L'esterno	意外 (いがい)	Inatteso
外科 (げか)	Chirurgia	郊外 (こうがい)	Sobborghi; periferia

ORDINE DEI TRATTI

Come viene disegnato questo Kanji

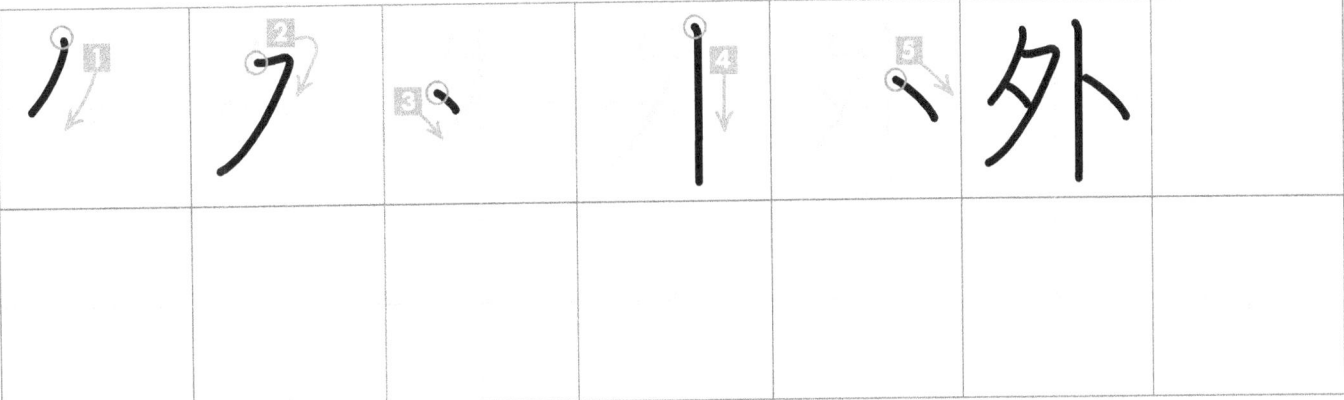

PRATICA

Traccia e pratica il Kanji qui sotto

STILI   外 外 外 外 外 外 外 外

KANJI #	RADICALE	TRATTI	SIGNIFICATO	UNICODE
0008	八	2	Otto, 8	516B

八

ONYOMI

ハチ

hachi

KUNYOMI

や(つ)、よう

ya(tsu), you

VOCABOLARIO

八十 (はちじゅう)　Ottanta
八月 (はちがつ)　Agosto
八時 (はちじ)　Otto in punto

十八 (じゅうはち)　Diciotto
二八 (にはち)　Sedici
百八 (ひゃくはち)　108

ORDINE DEI TRATTI　　　　　　　　　　　　　　Come viene disegnato questo Kanji

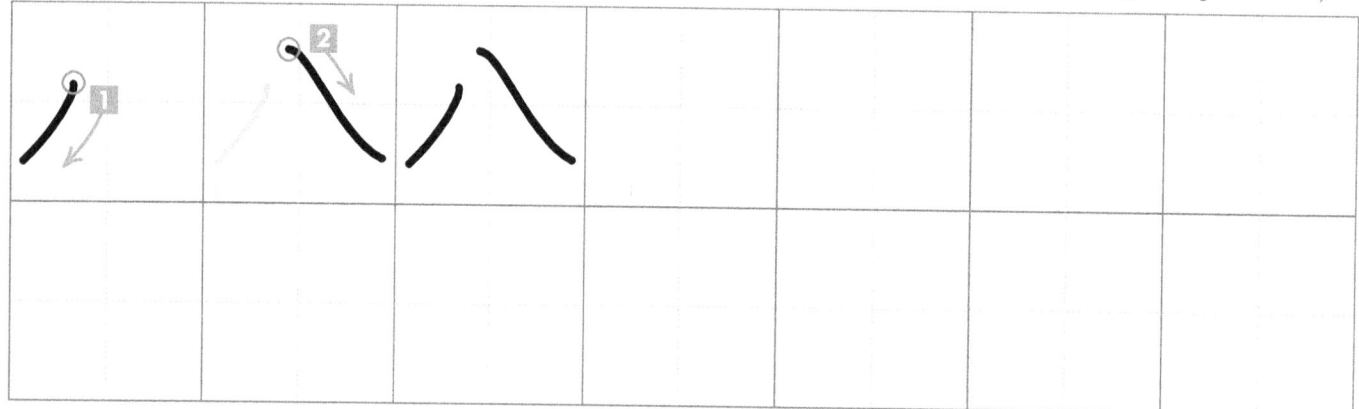

PRATICA　　　　　　　　　　　　　　Traccia e pratica il Kanji qui sotto

STILI

KANJI #	RADICALE	TRATTI	SIGNIFICATO	UNICODE
0006	八	4	**Sei, 6**	**516D**

六

ONYOMI

ロク

roku

KUNYOMI

む(つ)、むい

mu(tsu), mui

VOCABOLARIO

六月 (ろくがつ)	Giugno	才六 (さいろく)	Ragazzo;
六十 (ろくじゅう)	Sessanta		ragazzino
六角 (ろっかく)	Esagono	6歳 (ろくさい)	6enne
		甚六 (じんろく)	Ignorante

ORDINE DEI TRATTI

Come viene disegnato questo Kanji

PRATICA

Traccia e pratica il Kanji qui sotto

STILI 六 六 六 六 六 六 六 六

KANJI #	RADICALE	TRATTI	SIGNIFICATO	UNICODE
0051	口	3	Sotto, giù, scendere, dare, abbassare, inferiore	4E0B

ONYOMI

カ、ゲ

ka, ge

KUNYOMI した、 しも、
もと、 さ(げる)、
くだ(る)、 お(ろす)

shita, shimo, moto, sa(geru), kuda(ru), o(rosu)

VOCABOLARIO

下手 (へた)	incapace	地下 (ちか)	Cantina
下着 (したぎ)	Biancheria intima	靴下 (くつした)	Calzini
下る (くだ)	Scendere	低下 (ていか)	Cadere; declino

ORDINE DEI TRATTI

Come viene disegnato questo Kanji

PRATICA

Traccia e pratica il Kanji qui sotto

STILI   下 下 下 下 下 下 下 下

KANJI #	RADICALE	TRATTI	SIGNIFICATO	UNICODE
2029	木	7	**Venire, scadenza, prossimo, causare, diventare**	6765

来

ONYOMI

ライ、タイ

rai, tai

KUNYOMI

く.る、きた.る、
き、こ

kuru, kitaru, ki, ko

VOCABOLARIO

来年 (らいねん) **Prossimo anno**
来月 (らいげつ) **Prossimo mese**
来週 (らいしゅう) **Prossima settimana**

本来 (ほんらい) **Originariamente**
以来 (いらい) **Da (tempo)**
外来 (がいらい) **Straniero**

ORDINE DEI TRATTI

Come viene disegnato questo Kanji

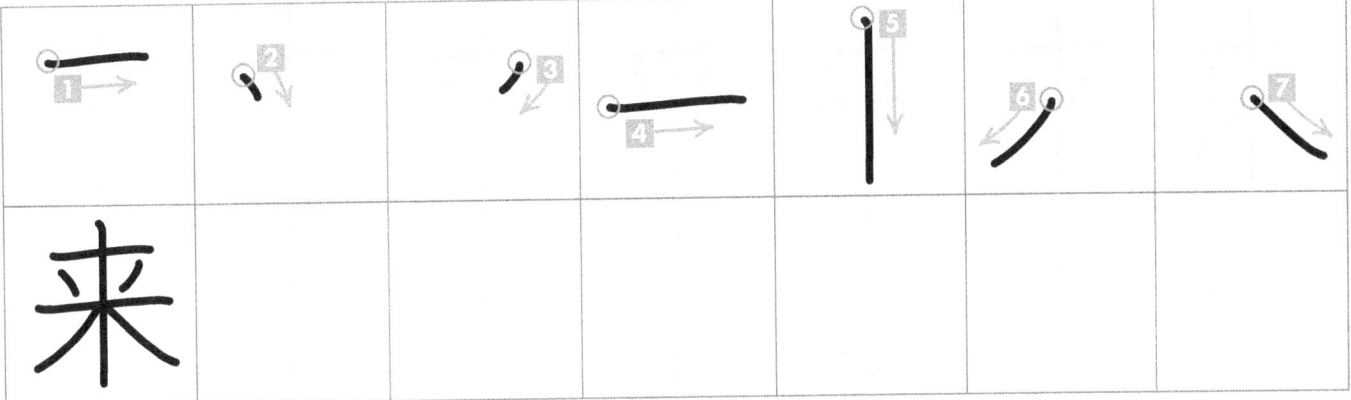

PRATICA

Traccia e pratica il Kanji qui sotto

STILI 来 来 来 来 来 来 来 来

2030 気 6 **Spirito, mente, aria, atmosfera, umore** **6C17**

気

ONYOMI

キ、ケ
ki, ke

KUNYOMI

いき
iki

VOCABOLARIO

気分 (きぶん) Sentimento, umore
気象 (きしょう) Tempo (atmosferico); clima
気圧 (きあつ) Pressione atmosferica

電気 (でんき) Elettricità
病気 (びょうき) Malessere; malattia
元気 (げんき) vivace

ORDINE DEI TRATTI Come viene disegnato questo Kanji

PRATICA Traccia e pratica il Kanji qui sotto

STILI 気 気 気 気 気 気 気 気

KANJI #	RADICALE	TRATTI	SIGNIFICATO	UNICODE
0110	小	3	**Piccolo, minuto**	**5C0F**

小

ONYOMI

ショウ

shou

KUNYOMI

ちい(さい)、
こ-、お-、さ-

chii(sai), ko-, o-, sa-

VOCABOLARIO

小供 (こども) — Bambino; bambini
小説 (しょうせつ) — Novella
小女 (しょうじょ) — Piccola ragazza

大小 (だいしょう) — Grande e piccolo
縮小 (しゅくしょう) — riduzione
最小 (さいしょう) — Il più piccolo

ORDINE DEI TRATTI

Come viene disegnato questo Kanji

PRATICA

Traccia e pratica il Kanji qui sotto

STILI   小 小 小 小 小 小 小 小

KANJI #	RADICALE	TRATTI	SIGNIFICATO		UNICODE
0007	一	2	**Sette, 7**		4E03

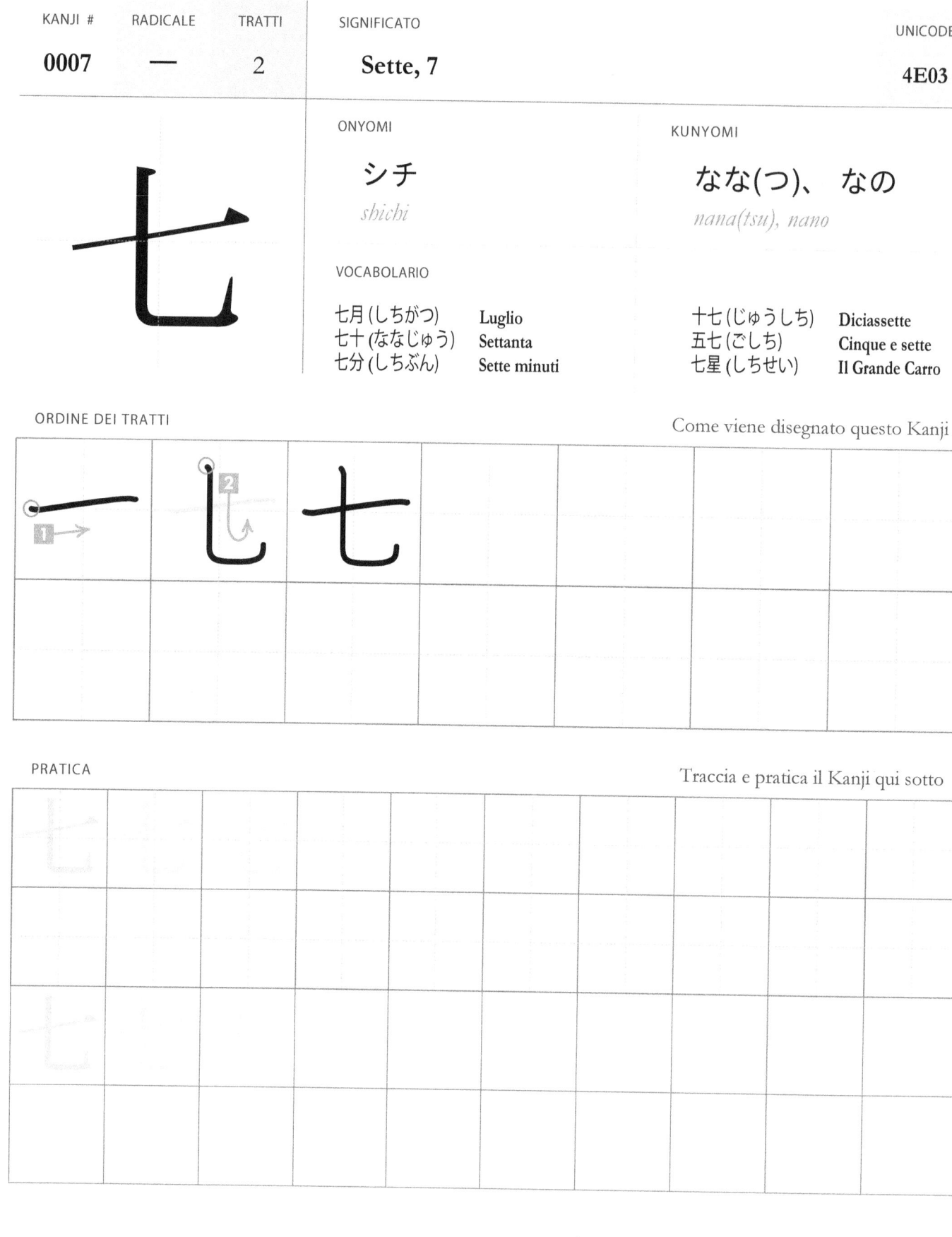

ONYOMI

シチ

shichi

KUNYOMI

なな(つ)、 なの

nana(tsu), nano

VOCABOLARIO

七月 (しちがつ)　　Luglio
七十 (ななじゅう)　Settanta
七分 (しちぶん)　　Sette minuti

十七 (じゅうしち)　Diciassette
五七 (ごしち)　　　Cinque e sette
七星 (しちせい)　　Il Grande Carro

ORDINE DEI TRATTI

Come viene disegnato questo Kanji

PRATICA

Traccia e pratica il Kanji qui sotto

STILI　七　七　七　七　七　七　七　七

ONYOMI

サン、セン

san, sen

KUNYOMI

やま

yama

VOCABOLARIO

山間 (さんかん)   Tra le montagne
山脈 (さんみゃく)   Catena montuosa
山岳 (さんがく)   Montagne

火山 (かざん)   Vulcano
登山 (とざん)   Scalare le montagne
本山 (ほんざん)   Tempie

ORDINE DEI TRATTI

Come viene disegnato questo Kanji

PRATICA

Traccia e pratica il Kanji qui sotto

STILI   山   山   山   山   山   山   山   山

KANJI #	RADICALE	TRATTI	SIGNIFICATO		UNICODE
0368	言	13	**Racconto, parlare**		**8A71**

話

ONYOMI

ワ
wa

KUNYOMI

はな(す)、 はなし
hana(su), hanashi

VOCABOLARIO

話題 (わだい) **Argomento; materia**
話中 (はなしちゅう) **Occupato (telefono)**
話々 (はなしばなし) **Chiacchierata**

会話 (かいわ) **Conversazione**
世話 (せわ) **Prendersi cura**
神話 (しんわ) **Mito; leggenda**

ORDINE DEI TRATTI

Come viene disegnato questo Kanji

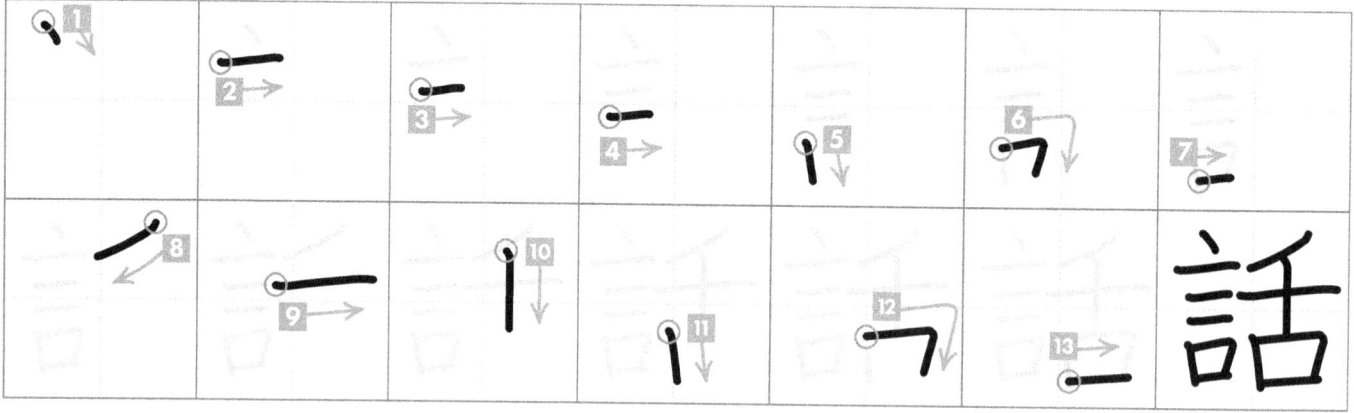

PRATICA

Traccia e pratica il Kanji qui sotto

STILI 話 話 話 話 話 話 話 話

KANJI #	RADICALE	TRATTI	SIGNIFICATO	UNICODE
0102	女	3	**Donna; femmina**	5973

ONYOMI

ジョ

jo

KUNYOMI

おんな、め

onnna, me

VOCABOLARIO

女神 (めがみ)	Dea	彼女 (かのじょ)	Lei, suo
女子 (じょし)	Donna; ragazza	男女 (だんじょ)	Uomini e donne
女優 (じょゆう)	Attrice	王女 (おうじょ)	Principessa

ORDINE DEI TRATTI

Come viene disegnato questo Kanji

く く ノ 一 女

PRATICA

Traccia e pratica il Kanji qui sotto

STILI 女 女 女 女 女 女 女 女

KANJI #	RADICALE	TRATTI	SIGNIFICATO	UNICODE
0480	匕	5	**Nord**	5317

北

ONYOMI

ホク

hoku

KUNYOMI

きた

kita

VOCABOLARIO

北東 (ほくとう)　Nordest
北西 (ほくせい)　Nordovest
北極 (ほっきょく)　Polo Nord

敗北 (はいぼく)　Sconfitta
台北 (タイペイ)　Taipei
以北 (いほく)　A nord di

ORDINE DEI TRATTI

Come viene disegnato questo Kanji

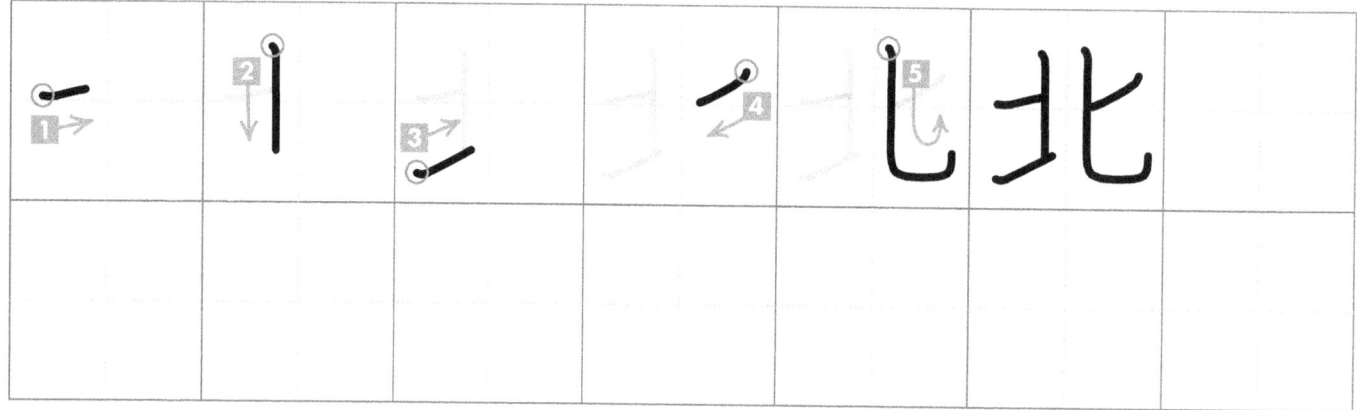

PRATICA

Traccia e pratica il Kanji qui sotto

STILI　北　北　北　北　北　北　北　北

KANJI #	RADICALE	TRATTI	SIGNIFICATO	UNICODE
0610	十	4	**Mezzogiorno, segno del cavallo**	5348

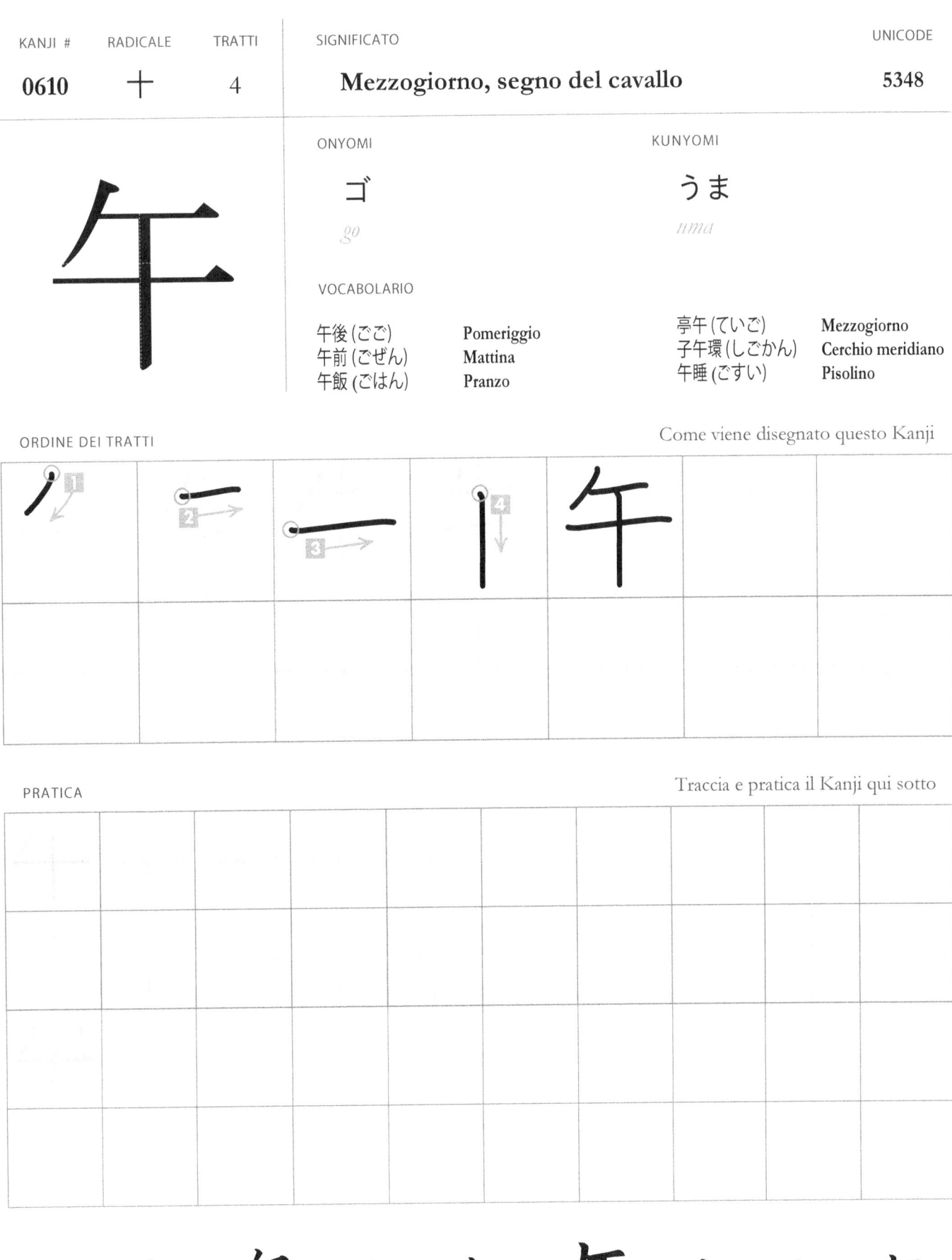

ONYOMI

ゴ
go

KUNYOMI

うま
uma

VOCABOLARIO

午後 (ごご) — Pomeriggio
午前 (ごぜん) — Mattina
午飯 (ごはん) — Pranzo

亭午 (ていご) — Mezzogiorno
子午環 (しごかん) — Cerchio meridiano
午睡 (ごすい) — Pisolino

ORDINE DEI TRATTI

Come viene disegnato questo Kanji

PRATICA

Traccia e pratica il Kanji qui sotto

STILI 午 午 午 午 午 午 午 午

百

ONYOMI

ヒャク、ビャク

hyaku, byaku

KUNYOMI

もも

momo

VOCABOLARIO

百万 (ひゃくまん) **Un milione**
百姓 (ひゃくしょう) **Fattore; contadino**
百年 (ひゃくねん) **Secolo**

何百 (なんびゃく) **Centinaia**
二百 (にひゃく) **Duecento**
四百 (よんひゃく) **Quattrocento**

ORDINE DEI TRATTI

Come viene disegnato questo Kanji

PRATICA

Traccia e pratica il Kanji qui sotto

STILI

百 百 百 百 百 百 百 百

ONYOMI   KUNYOMI

ショ   か(く)
sho   *kaku*

VOCABOLARIO

書類 (しょるい)   Documenti   読書 (どくしょ)   **Leggere**
書店 (しょてん)   Libreria;   辞書 (じしょ)   **Dizionario**
                   negozio di libri   白書 (はくしょ)   **Carta bianca**
書物 (しょもつ)   Libri

ORDINE DEI TRATTI   Come viene disegnato questo Kanji

PRATICA   Traccia e pratica il Kanji qui sotto

STILI   書 書 書 書 書 書 書 書

0263 儿 6 **Prima, avanti, precedente, futuro, precedenza** **5148**

先

ONYOMI

セン

sen

KUNYOMI

さき、ま(ず)

saki, ma(zu)

VOCABOLARIO

先生 (せんせい) — Insegnante, maestro
先月 (せんげつ) — Ultimo mese
先祖 (せんぞ) — Antenato

出先 (でさき) — Destinazione propria
目先 (めさき) — Futuro prossimo

ORDINE DEI TRATTI — Come viene disegnato questo Kanji

PRATICA — Traccia e pratica il Kanji qui sotto

STILI 先 先 先 先 先 先 先 先

KANJI #	RADICALE	TRATTI	SIGNIFICATO	UNICODE
0117	口	6	Nome, notato, distinto, reputazione	540D

名

ONYOMI

メイ、ミョウ

mei, myou

KUNYOMI

な

na

VOCABOLARIO

名人 (めいじん)	Maestro; esperto	有名 (ゆうめい)	Famoso
名字 (みょうじ)	Cognome	本名 (ほんみょう)	Nome vero
名作 (めいさく)	Capolavoro	題名 (だいめい)	Titolo

ORDINE DEI TRATTI

Come viene disegnato questo Kanji

PRATICA

Traccia e pratica il Kanji qui sotto

STILI 名 名 名 名 名 名 名 名

KANJI #	RADICALE	TRATTI	SIGNIFICATO	UNICODE
0134	《《《	3	**Fiume, flusso**	**5DDD**

ONYOMI

セン

sen

KUNYOMI

かわ

kawa

VOCABOLARIO

川口 (かわぐち)   **Foce del fiume**
川端 (かわばた)   **Argine del fiume**
川下 (かわしも)   **A valle**

河川 (かせん)   **Fiumi**
谷川 (たにがわ)   **Ruscello di montagna**
大川 (おおかわ)   **Grande fiume**

ORDINE DEI TRATTI

Come viene disegnato questo Kanji

PRATICA

Traccia e pratica il Kanji qui sotto

STILI

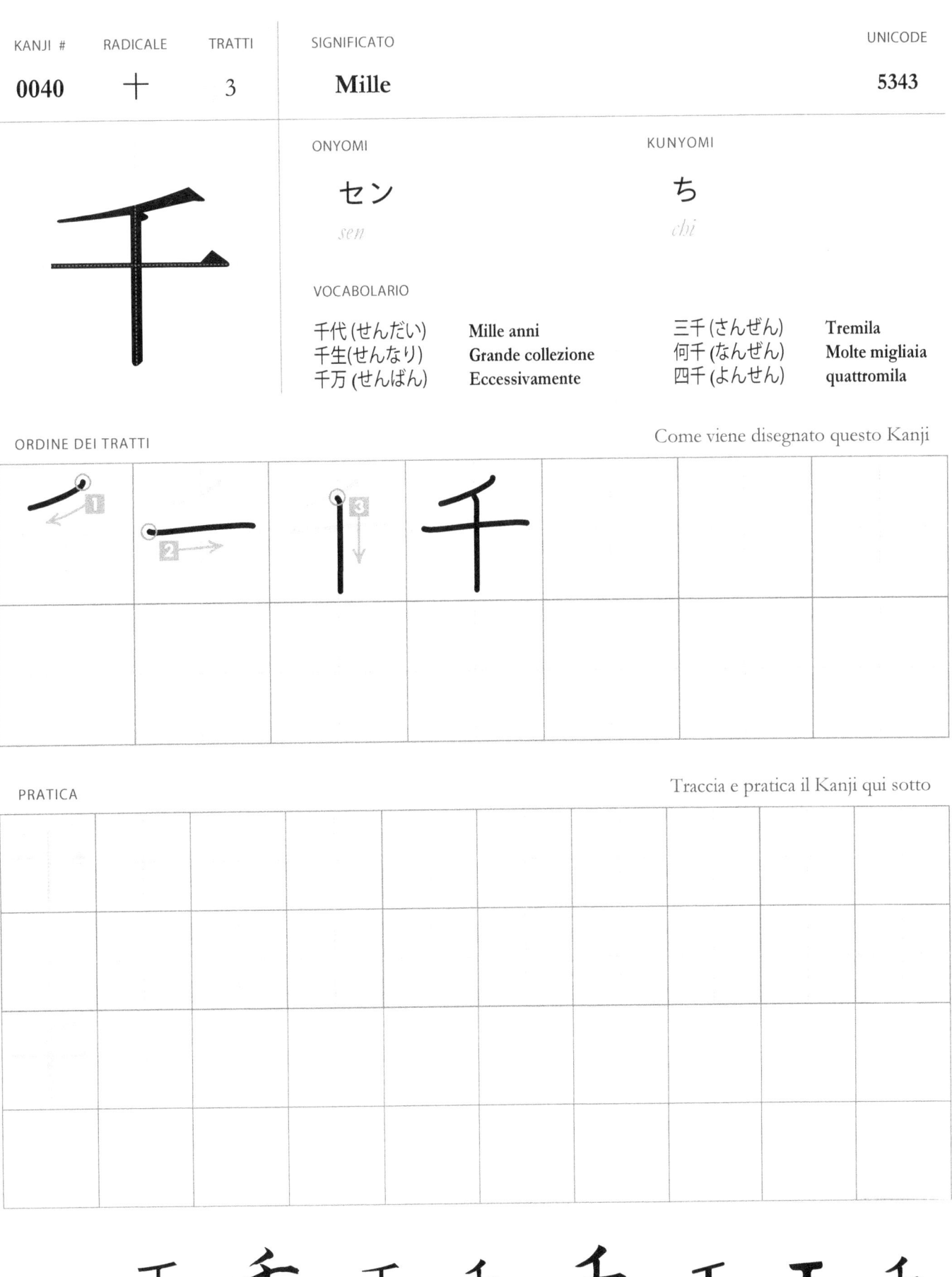

ONYOMI

セン

sen

KUNYOMI

ち

chi

VOCABOLARIO

千代 (せんだい)	Mille anni	三千 (さんぜん)	Tremila
千生 (せんなり)	Grande collezione	何千 (なんぜん)	Molte migliaia
千万 (せんばん)	Eccessivamente	四千 (よんせん)	quattromila

ORDINE DEI TRATTI

Come viene disegnato questo Kanji

PRATICA

Traccia e pratica il Kanji qui sotto

STILI 千 千 千 千 千 千 千 千

KANJI #	RADICALE	TRATTI	SIGNIFICATO	UNICODE
0137	水	4	**Acqua**	6C34

ONYOMI

スイ
sui

KUNYOMI

みず
mizu

VOCABOLARIO

水道 (すいどう)　Fornitura d'acqua
水泳 (すいえい)　Nuotare
水中 (すいちゅう)　Sott'acqua

下水 (げすい)　Scolo
洪水 (こうずい)　Alluvione
海水 (かいすい)　Acqua dell'oceano

ORDINE DEI TRATTI

Come viene disegnato questo Kanji

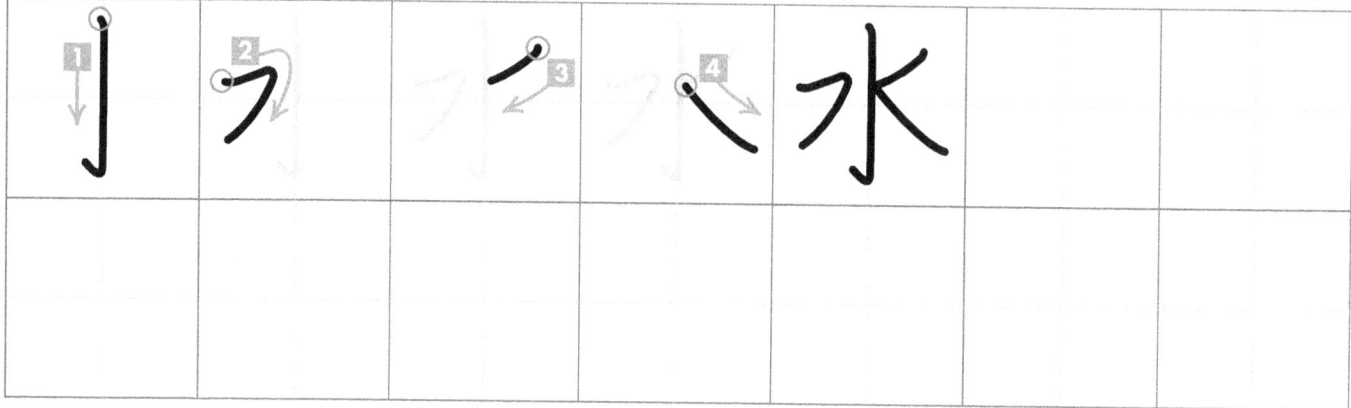

PRATICA

Traccia e pratica il Kanji qui sotto

STILI　水　水　水　水　水　水　水　水

KANJI #	RADICALE	TRATTI	SIGNIFICATO	UNICODE
1286	十	5	**Metà, mezzo, numero dispari, semi-**	534A

半

ONYOMI

ハン

ban

KUNYOMI

なか(ば)

naka(ba)

VOCABOLARIO

半年 (はんとし)	**Metà anno**		大半 (たいはん)	**Maggioranza**
半島 (はんとう)	**Penisola**		後半 (こうはん)	**Seconda metà**
半径 (はんけい)	**Raggio**		前半 (ぜんはん)	**Prima metà**

ORDINE DEI TRATTI

Come viene disegnato questo Kanji

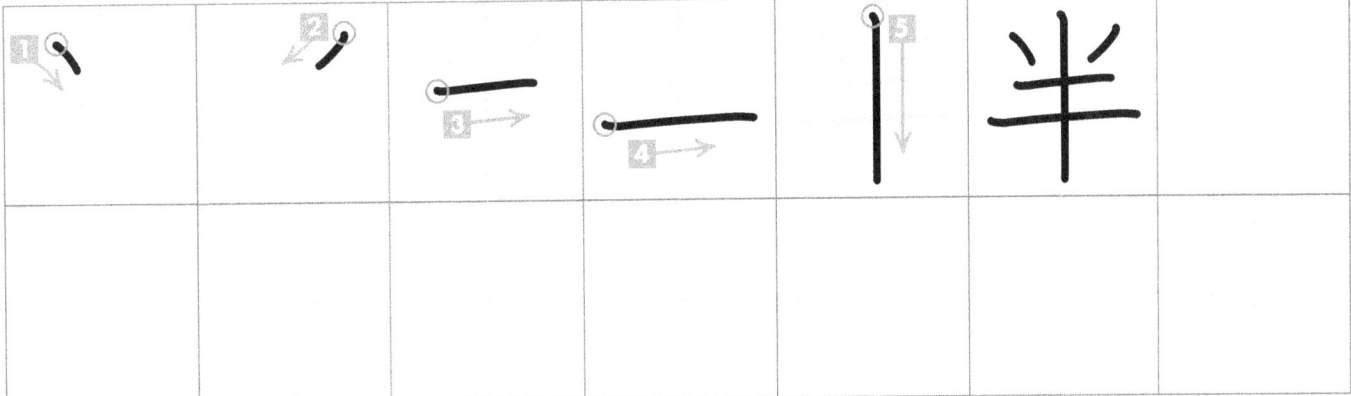

PRATICA

Traccia e pratica il Kanji qui sotto

STILI 半 半 半 半 半 半 半 半

KANJI #	RADICALE	TRATTI	SIGNIFICATO	UNICODE
0923	田	7	**Maschio, uomo**	7537

男

ONYOMI

ダン、ナン

dan, nan

KUNYOMI

おとこ、お

otoko, o

VOCABOLARIO

男子 (だんし) — Giovane; giovane uomo

男前 (おとこまえ) — Uomo bello

男優 (だんゆう) — Attore

長男 (ちょうなん) — Figlio maggiore

三男 (さんなん) — Tre figli

次男 (じなん) — Secondo figlio

ORDINE DEI TRATTI

Come viene disegnato questo Kanji

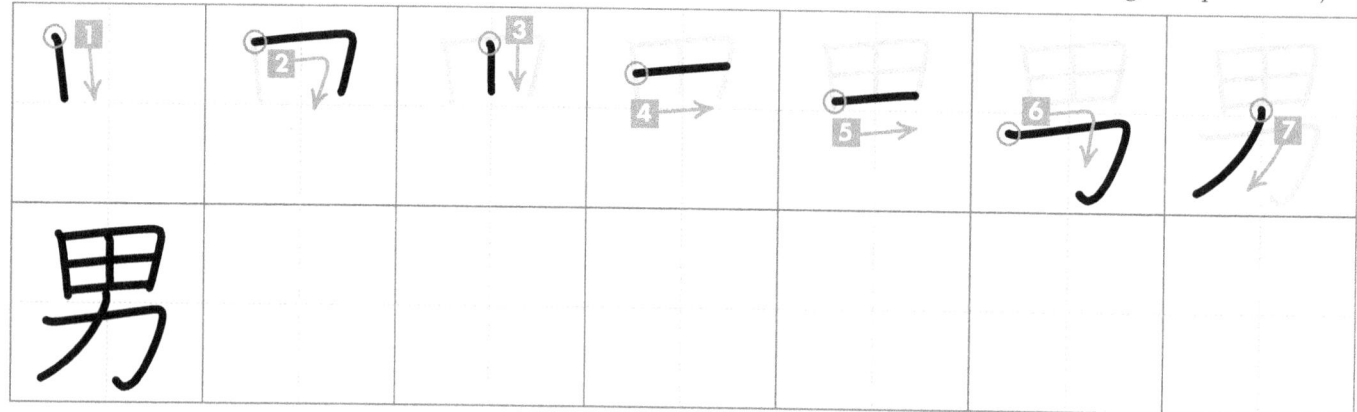

PRATICA

Traccia e pratica il Kanji qui sotto

STILI 男 男 男 男 男 男 男 男

ONYOMI

セイ、サイ

sei, sai

KUNYOMI

にし

nishi

VOCABOLARIO

西南 (せいなん)	Sud-ovest	東西 (とうざい)	Est e ovest
西口 (にしぐち)	Entrata ovest	北西 (ほくせい)	Nordovest
西北 (せいほく)	Nord-ovest	南西 (なんせい)	sudovest

ORDINE DEI TRATTI

Come viene disegnato questo Kanji

PRATICA

Traccia e pratica il Kanji qui sotto

STILI 西 西 西 西 西 西 西 西

KANJI #	RADICALE	TRATTI	SIGNIFICATO	UNICODE
0574	雨	13	Elettricità, elettrico	96FB

電

ONYOMI

デン

den

VOCABOLARIO

電車 (でんしゃ) — Treno elettrico
電話 (でんわ) — Chiamata telefonica
電力 (でんりょく) — Energia elettrica

終電 (しゅうでん) — Ultimo treno
外電 (がいでん) — Telegramma estero
送電 (そうでん) — Alimentazione elettrica

ORDINE DEI TRATTI

Come viene disegnato questo Kanji

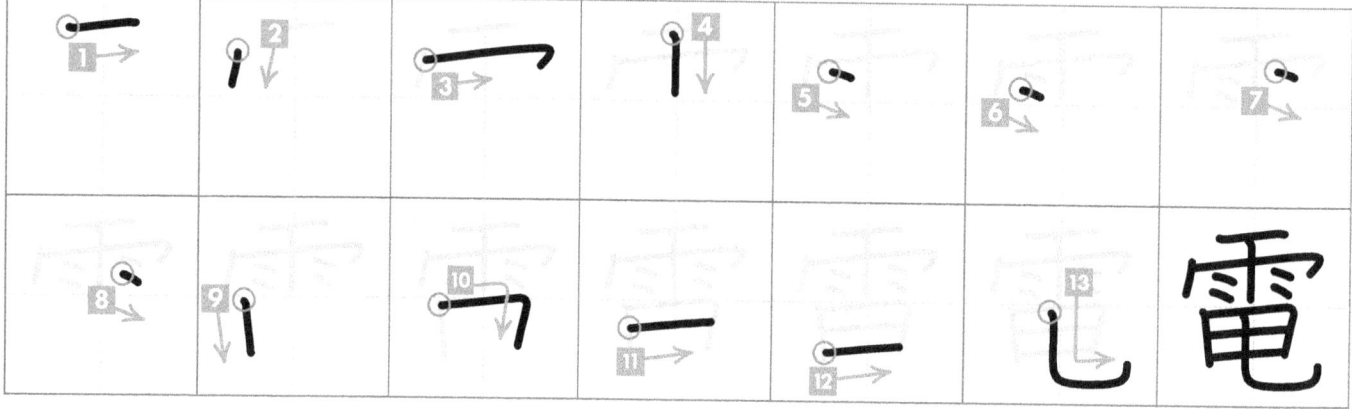

PRATICA

Traccia e pratica il Kanji qui sotto

STILI 電 電 電 電 電 電 電 電

KANJI #	RADICALE	TRATTI	SIGNIFICATO	UNICODE
1371	木	10	**Scuola**	**6821**

ONYOMI

コウ
kou

VOCABOLARIO

校長 (こうちょう) **Preside**
校舎 (こうしゃ) **Edificio scolastico**
校庭 (こうてい) **Cortile scolastico**

母校 (ぼこう) **Alma mater**
登校 (とうこう) **Andare a scuola**
分校 (ぶんこう) **Scuola secondaria**

ORDINE DEI TRATTI

Come viene disegnato questo Kanji

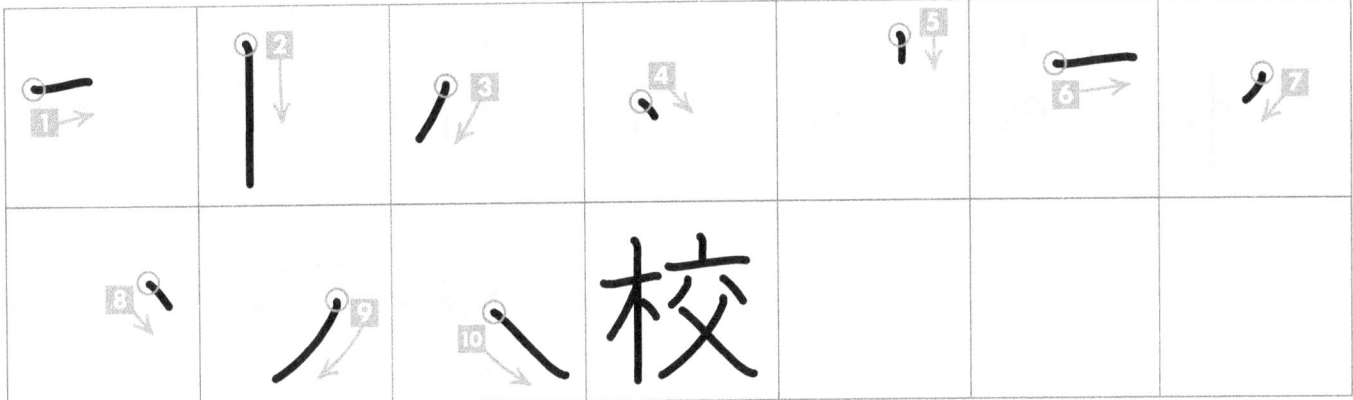

PRATICA

Traccia e pratica il Kanji qui sotto

STILI 校 校 校 校 校 校 校 校

KANJI #	RADICALE	TRATTI	SIGNIFICATO	UNICODE
0371	言	14	**Parola, discorso, lingua**	**8A9E**

語

ONYOMI

ゴ

go

KUNYOMI

かた(る)

kata(ru)

VOCABOLARIO

語学 (ごがく) — Studio della lingua
語句 (ごく) — Parole; frasi
語気 (ごき) — Modo di parlare

用語 (ようご) — Termine; terminologia
物語 (ものがたり) — Racconto; storia
国語 (こくご) — Lingua nazionale

ORDINE DEI TRATTI

Come viene disegnato questo Kanji

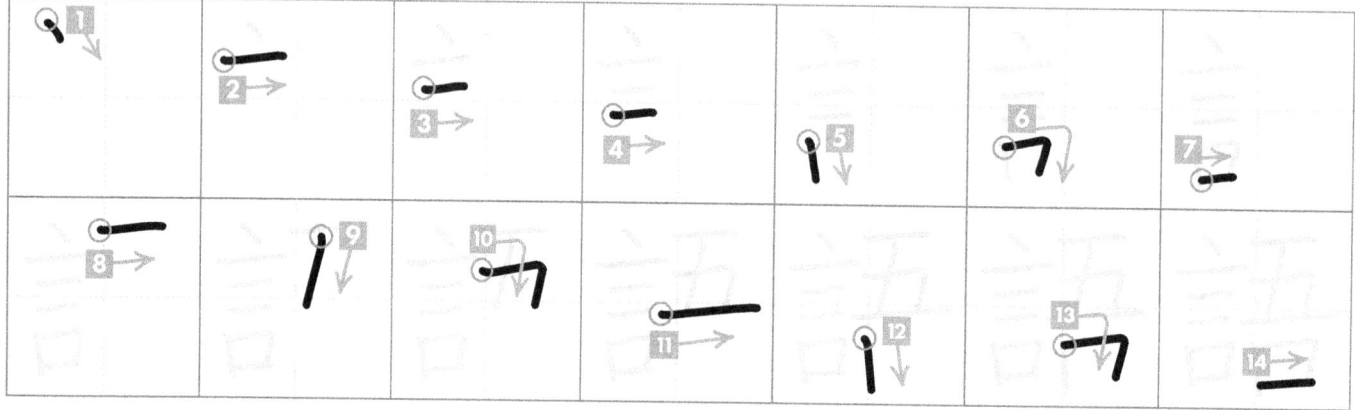

PRATICA

Traccia e pratica il Kanji qui sotto

STILI   語 語 語 語 語 語 語 語

KANJI #	RADICALE	TRATTI	SIGNIFICATO	UNICODE
0161	土	3	**Suolo, terra, terreno**	**571F**

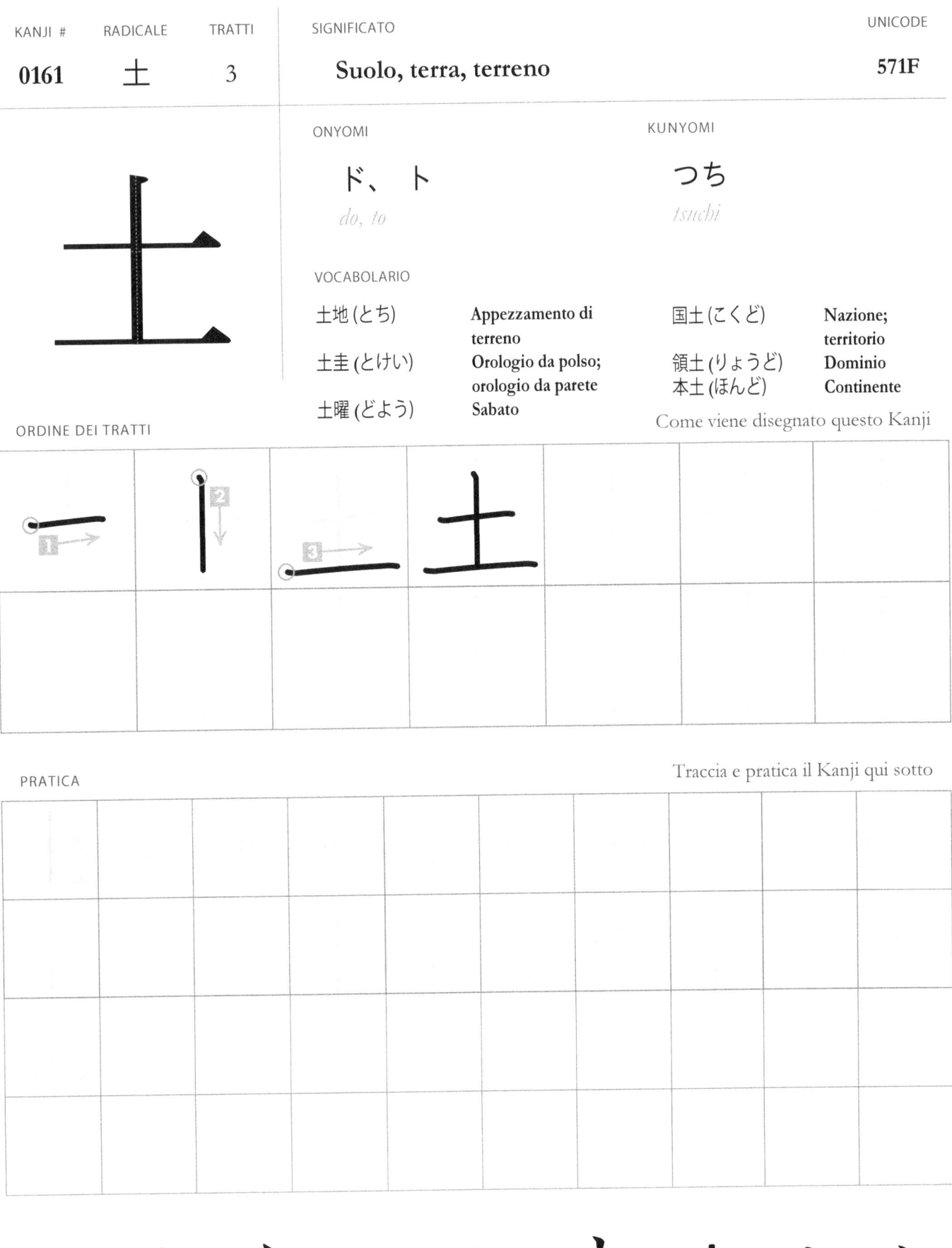

ONYOMI

ド、ト
do, to

KUNYOMI

つち
tsuchi

VOCABOLARIO

土地 (とち) — Appezzamento di terreno

土圭 (とけい) — Orologio da polso; orologio da parete

土曜 (どよう) — Sabato

国土 (こくど) — Nazione; territorio

領土 (りょうど) — Dominio

本土 (ほんど) — Continente

ORDINE DEI TRATTI

Come viene disegnato questo Kanji

PRATICA

Traccia e pratica il Kanji qui sotto

STILI 土 土 土 土 土 土 土 土

KANJI #	RADICALE	TRATTI	SIGNIFICATO	UNICODE
0207	木	4	**Albero, legno**	6728

ONYOMI

ボク、モク
boku, moku

KUNYOMI

き、こ-
ki, ko

VOCABOLARIO

木曜 (もくよう) Giovedì
木材 (もくざい) Tronco; legname
木立 (こだち) Boschetto

土木 (どぼく) Lavori
  ingegneristici
大木 (たいぼく) Grande albero
並木 (なみき) Strada alberata

ORDINE DEI TRATTI

Come viene disegnato questo Kanji

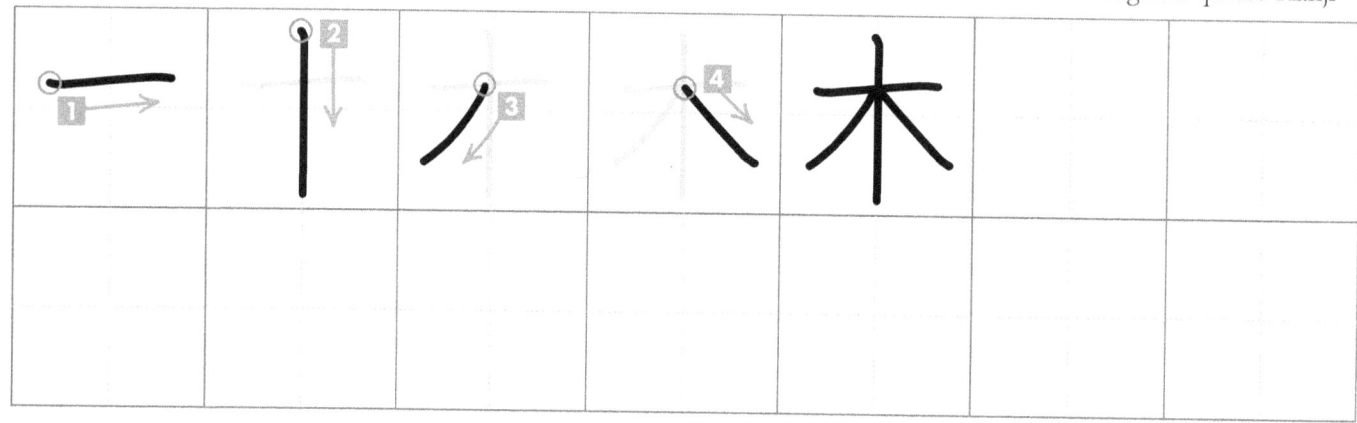

PRATICA

Traccia e pratica il Kanji qui sotto

STILI   木 木 木 木 木 木 ＊ 木

KANJI #	RADICALE	TRATTI	SIGNIFICATO	UNICODE
1754	耳	14	**Sentire, ascoltare, chiedere**	**805E**

聞

ONYOMI

ブン、モン

bun, mon

KUNYOMI

き(く)

ki(ku)

VOCABOLARIO

聞く (き)	Sentire; ascoltare	新聞 (しんぶん)	Giornale
聞き (き)	Ascolto	見聞 (けんぶん)	Informazione
聞ゆる (きこ)	Famoso; celebrato	聴聞 (ちょうもん)	Ascoltare; sentire

ORDINE DEI TRATTI

Come viene disegnato questo Kanji

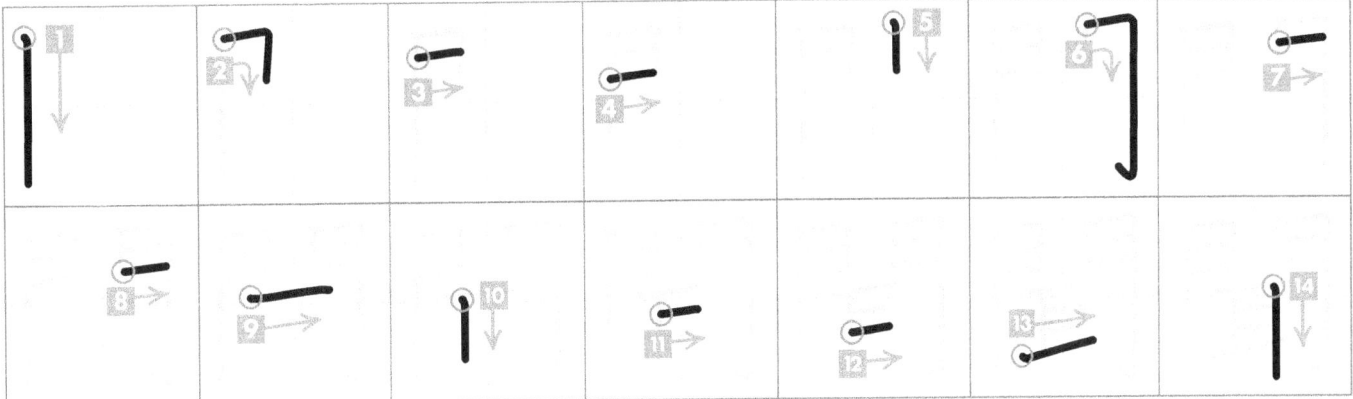

PRATICA

Traccia e pratica il Kanji qui sotto

STILI 聞 聞 聞 聞 聞 聞 聞 聞

KANJI #	RADICALE	TRATTI	SIGNIFICATO	UNICODE
1582	食	9	**Mangiare, cibo**	**98DF**

ONYOMI

ショク、ジキ

shoku, jiki

KUNYOMI

く(う)、 た(べる)、
は(む)

k(u), ta(beru), ha(mu)

VOCABOLARIO

食事 (しょくじ)　Pasto
食品 (しょくひん)　Cibo; cibi
食堂 (しょくどう)　Sala da pranzo

夕食 (ゆうしょく)　Cena
昼食 (ちゅうしょく)　Pranzo
朝食 (ちょうしょく)　Colazione

ORDINE DEI TRATTI

Come viene disegnato questo Kanji

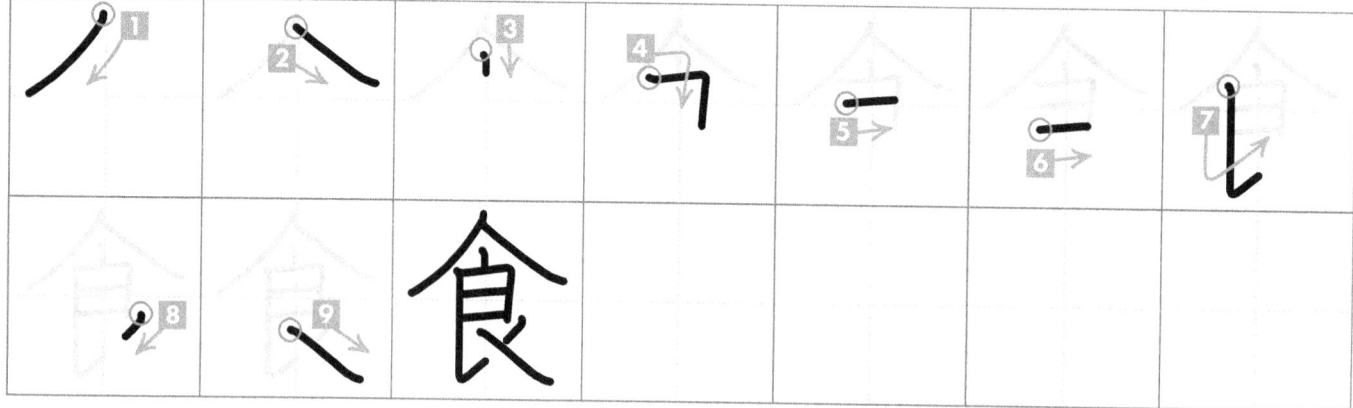

PRATICA

Traccia e pratica il Kanji qui sotto

STILI　食　食　食　食　食　食　食　食

KANJI #	RADICALE	TRATTI	SIGNIFICATO		UNICODE
0304	車	7	**Auto, ruota**		**8ECA**

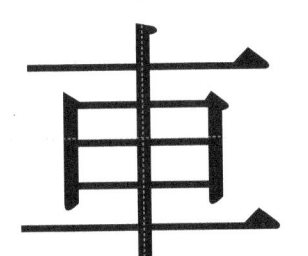

ONYOMI

シャ
sha

KUNYOMI

くるま
kuruma

VOCABOLARIO

車輪 (しゃりん) — Ruota (macchina)
車庫 (しゃこ) — Garage; posto auto
車内 (しゃない) — Dentro un treno, auto, ecc

電車 (でんしゃ) — Treno; treno elettrico
自動車 (じどうしゃ) — Automobile
駐車 (ちゅうしゃ) — Parcheggio

ORDINE DEI TRATTI

Come viene disegnato questo Kanji

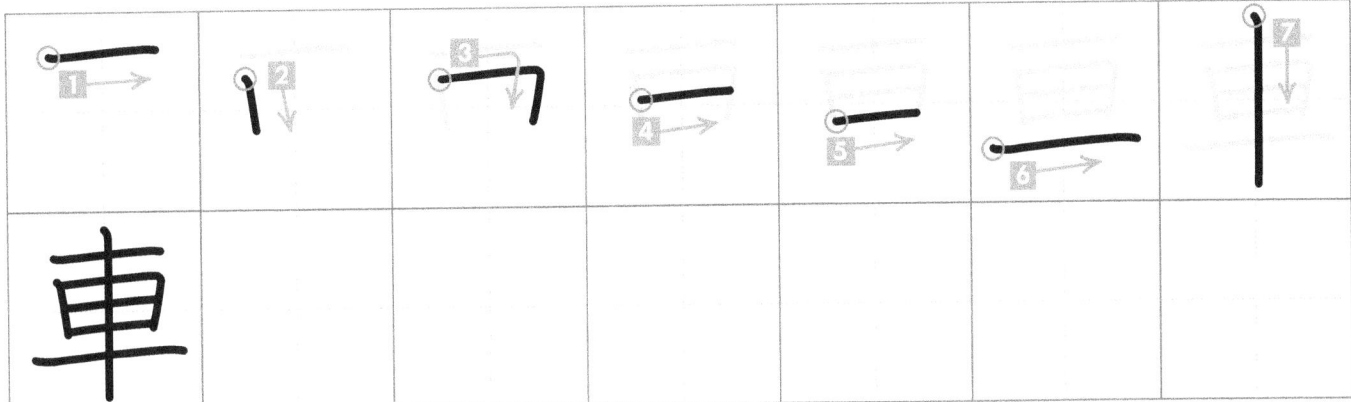

PRATICA

Traccia e pratica il Kanji qui sotto

STILI 　車　車　車　車　車　車　車　車

KANJI #	RADICALE	TRATTI	SIGNIFICATO	UNICODE
1087	人	7	**Cosa**	**4F55**

何

ONYOMI

カ
ka

KUNYOMI

なに、なん
nani, nan

VOCABOLARIO

何時 (いつ) — **Quando; quanto presto**

何処 (どこ) — **Dove; quale posto**
何か (なに) — **Qualcosa**

如何 (どう) — **Come; in che modo**

幾何 (きか) — **Geometria**
何々 (なになに) — **Qual è il problema**

ORDINE DEI TRATTI

Come viene disegnato questo Kanji

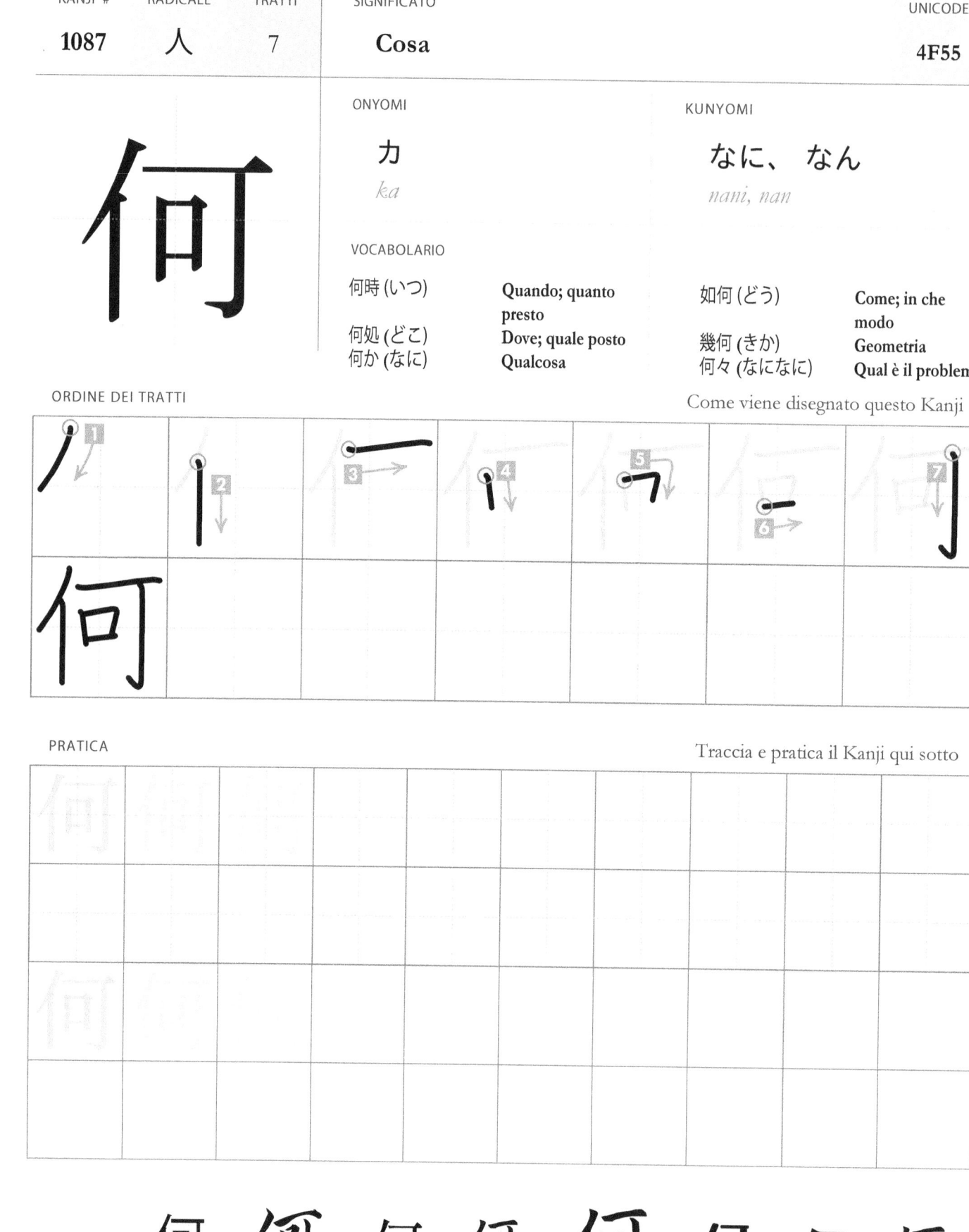

PRATICA

Traccia e pratica il Kanji qui sotto

STILI 何 何 何 何 何 何 何

KANJI #	RADICALE	TRATTI	SIGNIFICATO	UNICODE
1740	十	9	Sud	5357

ONYOMI

ナン、ナ

nan, na

KUNYOMI

みなみ

minami

VOCABOLARIO

南北 (なんぼく)	Nord e sud	東南 (とうなん)	Sud-est
南西 (なんせい)	Sudovest	西南 (せいなん)	Sud-ovest
南東 (なんとう)	Sudest	真南 (まみなみ)	Verso sud

ORDINE DEI TRATTI

Come viene disegnato questo Kanji

PRATICA

Traccia e pratica il Kanji qui sotto

STILI

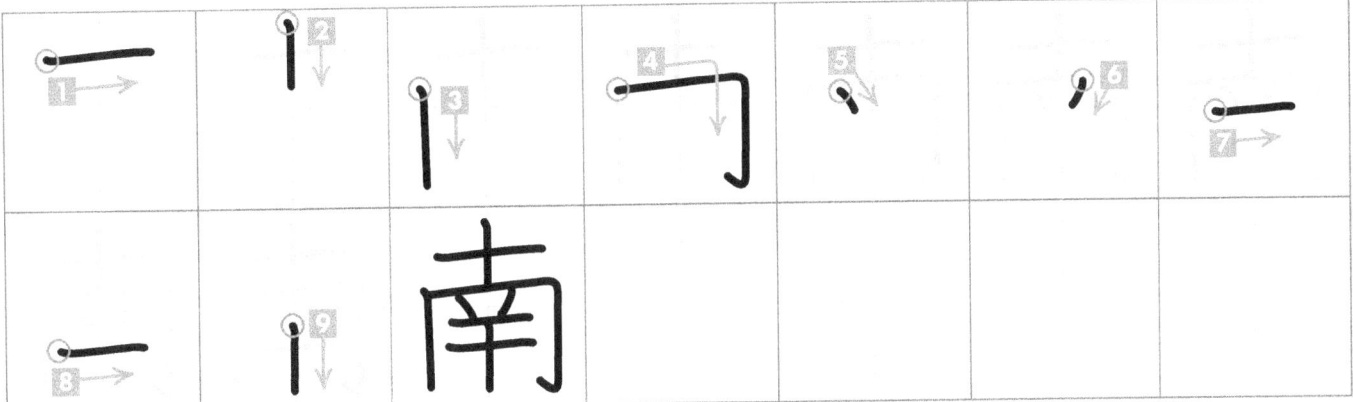

南 南 南 南 南 南 南

万

ONYOMI

マン、バン

man, ban

VOCABOLARIO

万一 (まんいち) — emergenza
万人 (ばんにん) — Tutti; chiunque
万能 (ばんのう) — Per tutti gli usi; utilità

百万 (ひゃくまん) — Per tutti gli usi; utilità
十万 (じゅうまん) — centomila
億万 (おくまん) — Milioni e milioni

ORDINE DEI TRATTI

Come viene disegnato questo Kanji

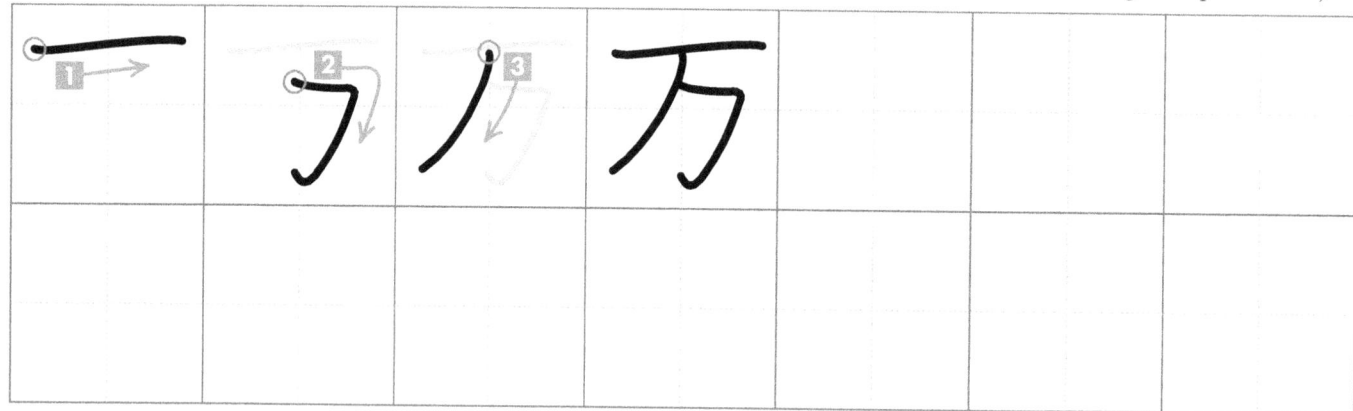

PRATICA

Traccia e pratica il Kanji qui sotto

STILI 万　**万**　万　万　**万**　**万**　**万**　万

KANJI #	RADICALE	TRATTI	SIGNIFICATO	UNICODE
0497	毋	6	**Ogni**	**6BCE**

毎

ONYOMI

マイ

mai

KUNYOMI

ごと(に)

goto(ni)

VOCABOLARIO

毎日 (まいにち)	Ogni giorno	丸毎 (まるごと)	Nella sua interezza
毎月 (まいつき)	Ogni mese	人毎 (ひとごと)	Con ogni persona
毎年 (まいとし)	Ogni anno	毎回 (まいかい)	Ogni volta

ORDINE DEI TRATTI

Come viene disegnato questo Kanji

PRATICA

Traccia e pratica il Kanji qui sotto

STILI 毎 毎 毎 毎 毎 毎 毎 毎

RADICALE

白

TRATTI

5

SIGNIFICATO

Bianco

ONYOMI

ハク、 ビャク

haku, byaku

KUNYOMI

しろ(い)

shiro(i)

VOCABOLARIO

白書 (はくしょ)　　Carta bianca
白銀 (しろがね)　　Argento (ag)
白髪 (しらが)　　　Capelli bianchi;
　　　　　　　　　capelli grigi

告白 (こくはく)　　Confessione
真っ白 (まっしろ)　Bianco puro;
　　　　　　　　　vuoto
空白 (くうはく)　　Spazio vuoto

ORDINE DEI TRATTI

Come viene disegnato questo Kanji

PRATICA

Traccia e pratica il Kanji qui sotto

STILI

白　白　白　白　白　白　白　白

KANJI #	RADICALE	TRATTI	SIGNIFICATO	UNICODE
0457	大	4	**Cieli, cielo, imperiale**	5929

ONYOMI

テン

ten

KUNYOMI

あまつ, あめ, てん

amatsu, ame, ama

VOCABOLARIO

天気 (てんき) — Tempo atmosferico
天国 (てんごく) — Paradiso; cielo
天井 (てんじょう) — Soffitto; prezzo massimo

雨天 (うてん) — Tempo piovoso
楽天 (らくてん) — Ottimismo
炎天 (えんてん) — Caldo cocente

ORDINE DEI TRATTI

Come viene disegnato questo Kanji

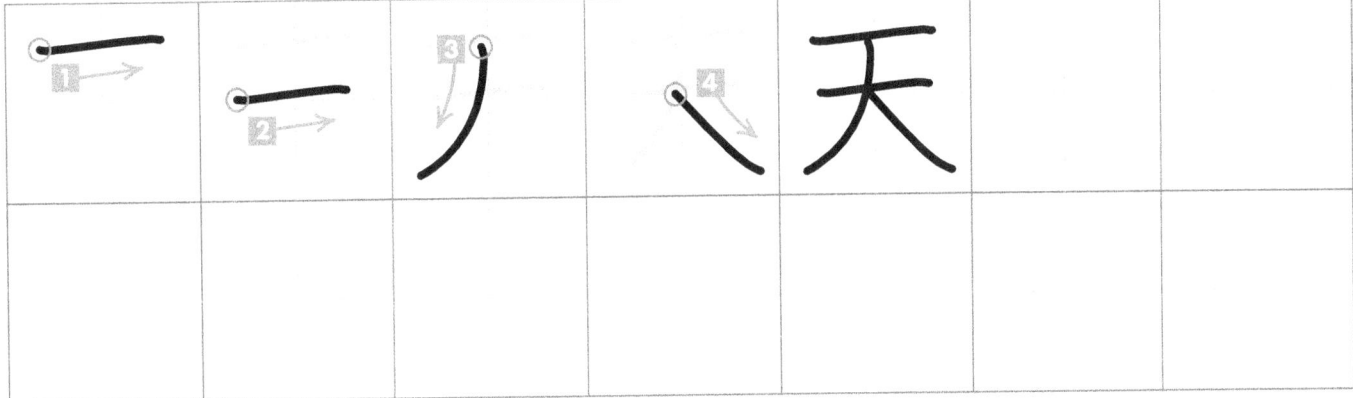

PRATICA

Traccia e pratica il Kanji qui sotto

STILI 天 天 天 天 天 天 天 天

KANJI #	RADICALE	TRATTI	SIGNIFICATO	UNICODE
0105	毋	5	**Madre**	**6BCD**

ONYOMI

ボ

bo

KUNYOMI

はは、かあ

haha, kaa

VOCABOLARIO

母校 (ぼこう)   Alma mater   祖母 (そぼ)   Nonna
母子 (ぼし)   Madre e figlio   父母 (ふぼ)   Padre e madre
母国 (ぼこく)   La propria patria   分母 (ぶんぼ)   denominatore

ORDINE DEI TRATTI

Come viene disegnato questo Kanji

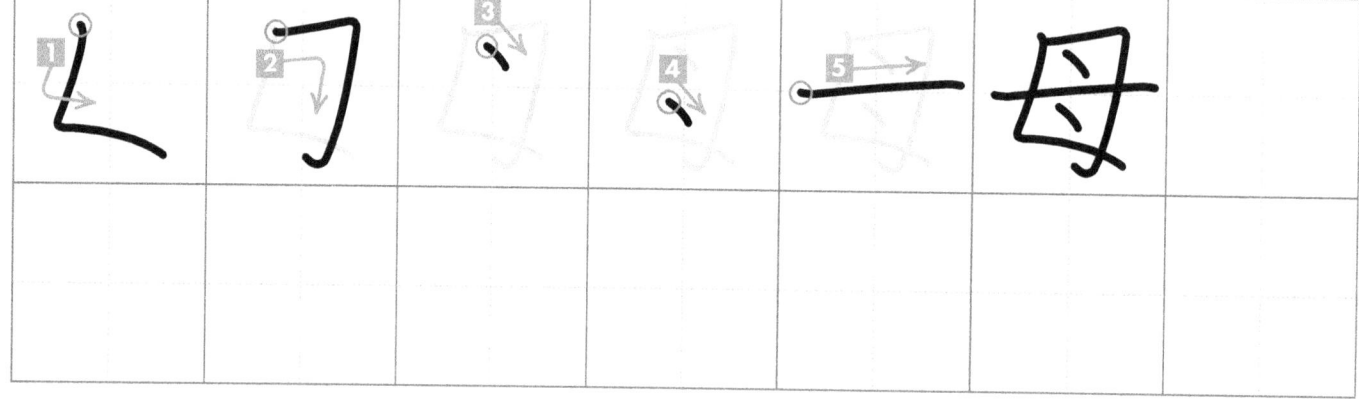

PRATICA

Traccia e pratica il Kanji qui sotto

STILI   母 母 母 母 母 母 母 母

KANJI #	RADICALE	TRATTI	SIGNIFICATO	UNICODE
0173	火	4	**Fuoco**	**706B**

火

ONYOMI

カ
ka

KUNYOMI

ひ、 -び、 ほ-
bi, bi, ho

VOCABOLARIO

火山 (かざん)   Vulcano
火曜 (かよう)   Martedì
火星 (かせい)   Marte (pianeta)

花火 (はなび)   Fuochi d'artificio
灯火 (あかり)   Luce; bagliore
噴火 (ふんか)   eruzione

ORDINE DEI TRATTI

Come viene disegnato questo Kanji

PRATICA

Traccia e pratica il Kanji qui sotto

STILI   火 火 火 火 火 火 火 火

ONYOMI

ウ、ユウ

u, yuu

KUNYOMI

みぎ

migi

VOCABOLARIO

右手 (みぎて)   Mano destra
右翼 (うよく)   La destra (politica)
右舷 (うげん)   Dritta (nave)

左右 (さゆう)   Sinistra e destra
上右 (うえみぎ)   In alto a destra
下右 (したみぎ)   In basso a destra

ORDINE DEI TRATTI

Come viene disegnato questo Kanji

PRATICA

Traccia e pratica il Kanji qui sotto

STILI

KANJI #	RADICALE	TRATTI	SIGNIFICATO	UNICODE
0372	言	14	**Leggere**	**8AAD**

ONYOMI

ドク、トク、トウ

doku, toku, tou

KUNYOMI

よ(む)

yo(mu)

VOCABOLARIO

読書 (どくしょ)	Lettura	一読 (いちどく)	Lettura
読者 (どくしゃ)	Lettore	解読 (かいどく)	Decifrare
読本 (とくほん)	Libro da leggere	下読 (したよみ)	Prova (teatrale)

ORDINE DEI TRATTI

Come viene disegnato questo Kanji

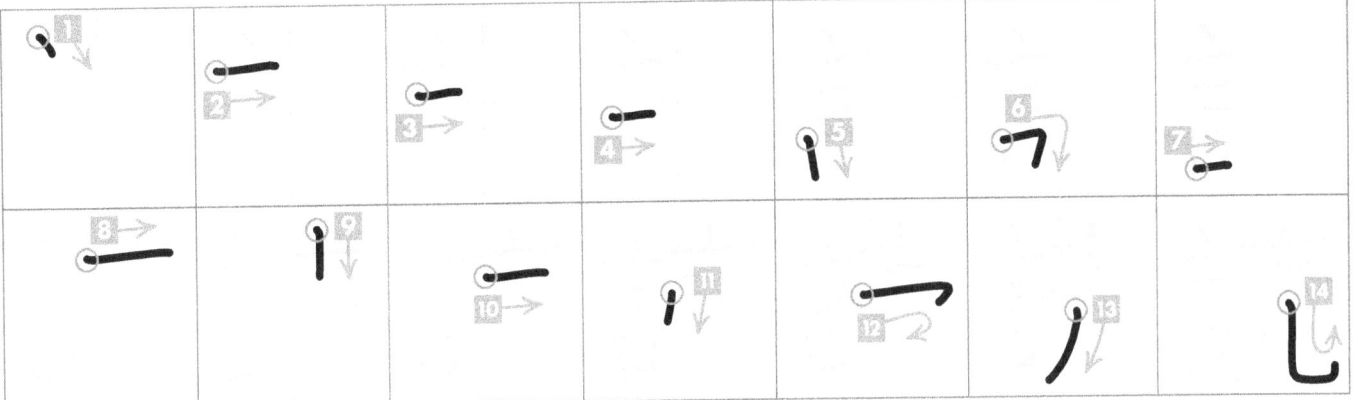

PRATICA

Traccia e pratica il Kanji qui sotto

STILI　読　読　読　読　読　読　読　読

KANJI #	RADICALE	TRATTI	SIGNIFICATO	UNICODE
0760	又	4	**Amico**	**53CB**

ONYOMI

ユウ

yuu

KUNYOMI

とも

tomo

VOCABOLARIO

友好 (ゆうこう) Amicizia
友愛 (ゆうあい) Fratellanza
友邦 (ゆうほう) Nazione alleata

親友 (しんゆう) Amico vicino
学友 (がくゆう) Amico di scuola
校友 (こうゆう) Compagno di scuola

ORDINE DEI TRATTI

Come viene disegnato questo Kanji

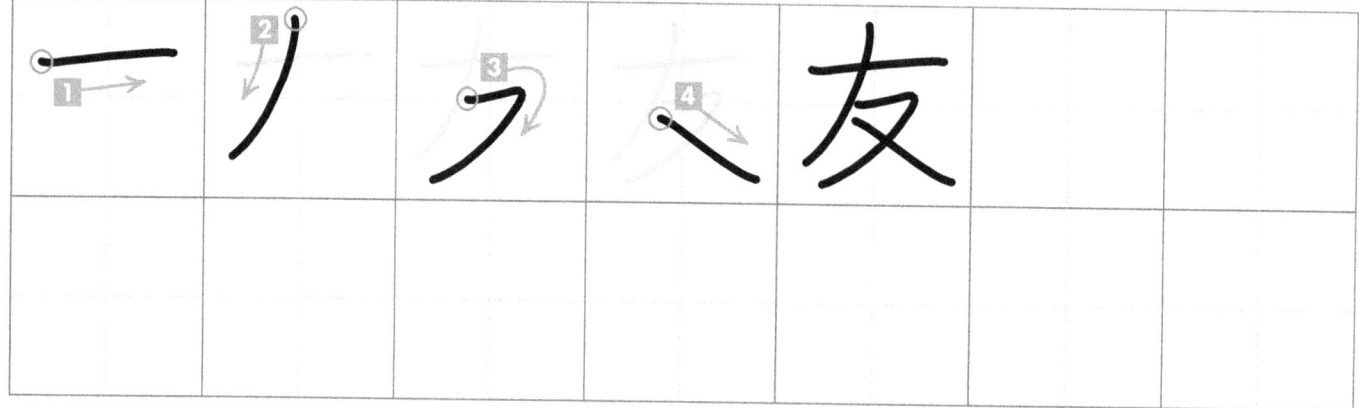

PRATICA

Traccia e pratica il Kanji qui sotto

STILI

友 友 友 友 友 友 友 友

KANJI #	RADICALE	TRATTI	SIGNIFICATO	UNICODE
0081	工	5	**Sinistra**	**5DE6**

ONYOMI

サ、シャ

sa, sha

KUNYOMI

ひだり

hidari

VOCABOLARIO

左右 (さゆう)	Sinistra e destra	上左 (うえひだり)	In alto a sinistra
左手 (ひだりて)	Mano sinistra	下左 (したひだり)	In basso a sinistra
左腕 (さわん)	Braccio sinistro	極左 (きょくさ)	Estrema sinistra

ORDINE DEI TRATTI

Come viene disegnato questo Kanji

PRATICA

Traccia e pratica il Kanji qui sotto

STILI 左 左 左 左 左 左 左 左

KANJI #	RADICALE	TRATTI	SIGNIFICATO	UNICODE
1038	人	6	Riposo, giorno libero, pensione, dormire	4F11

休

ONYOMI

キュウ

kyuu

KUNYOMI

やす(む)

yasu(mu)

VOCABOLARIO

休む (やす)	Essere assente	連休 (れんきゅう)	Ferie consecutive
休日 (きゅうじつ)	Festa; giorno libero	週休 (しゅうきゅう)	Settimana di festa
休止 (きゅうし)	Pausa; cessazione	運休 (うんきゅう)	Servizio sospeso

ORDINE DEI TRATTI

Come viene disegnato questo Kanji

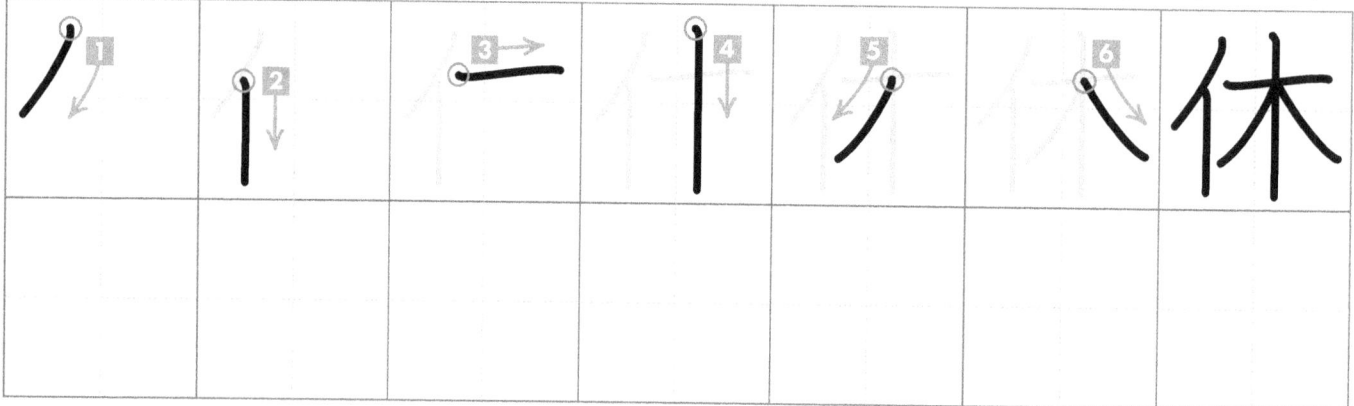

PRATICA

Traccia e pratica il Kanji qui sotto

STILI　休　休　休　休　休　休　休　休

ONYOMI

フ

fu

KUNYOMI

ちち、とう

chichi, tou

VOCABOLARIO

父母 (ふぼ)	Padre e madre	祖父 (そふ)	Nonno
父子 (ふし)	Padre e figlio	伯父 (おじ)	Zio
父兄 (ふけい)	Guardiani	親父 (おやじ)	Il proprio padre

ORDINE DEI TRATTI

Come viene disegnato questo Kanji

PRATICA

Traccia e pratica il Kanji qui sotto

STILI 父 父 父 父 父 父 父 父

KANJI #	RADICALE	TRATTI	SIGNIFICATO	UNICODE
0451	雨	8	**Pioggia**	**96E8**

ONYOMI

ウ

u

KUNYOMI

あめ、あま

ame, ama

VOCABOLARIO

雨天 (うてん)   **Tempo piovoso**
雨水 (うすい)   **Acqua piovana**
雨量 (うりょう)   **Pioggia**

梅雨 (つゆ)   **Stagione piovosa**
大雨 (おおあめ)   **Pioggia battente**
時雨 (しぐれ)   **pioggerella**

ORDINE DEI TRATTI

Come viene disegnato questo Kanji

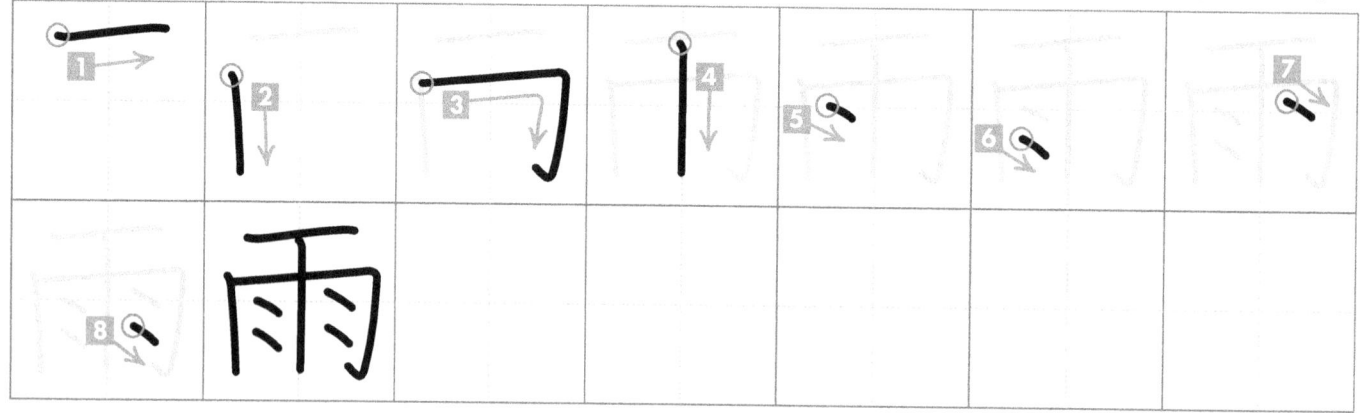

PRATICA

Traccia e pratica il Kanji qui sotto

STILI   雨   雨   雨   雨   雨   雨   雨   雨

GENKOUYOUSHI

CARTA ISOMETRICA
PER PRATICARSI

FLASH CARDS

DA FOTOCOPIARE
OPPURE RITAGLIARE
E MANTENERE

え	う	い	あ
く	き	か	お
し	さ	こ	け

a
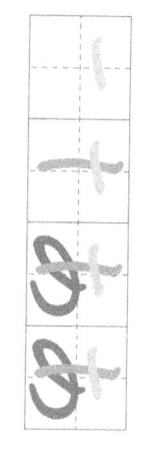

Pronunciata come la 'a' in aprirsi.

o
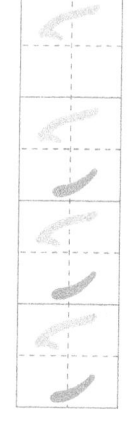

Pronunciato come la 'o' in occhio.

ke
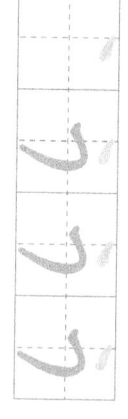

Pronunciato come la 'che' in chela.

i
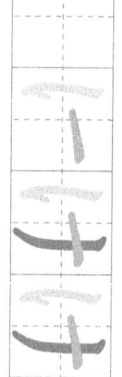

Pronunciato come la 'i' in piccolo.

ka

Pronunciato come la 'ca' in cantare.

ko
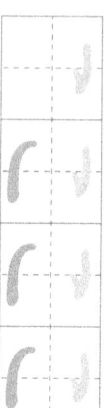

Pronunciato come il 'co' in cometa.

u
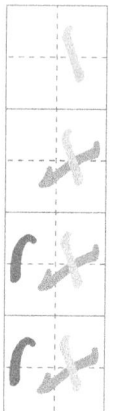

Pronunciato come la 'u' in uno.

ki

Pronunciato come il 'chi' in chiamare.

sa
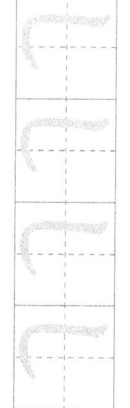

Pronunciato come il 'sa' in sardine.

e
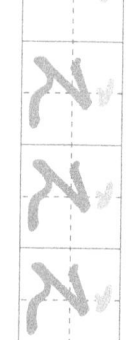

Pronunciato come il 'e' in evento.

ku

Pronunciato come il 'cu' in cucina.

shi

Pronunciato come il 'sci' in sciro.

す	ち	な
せ	し	に
れ	て	ぬ
た	つ	ね

su
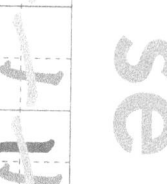
Pronunciato come il
'su' in supermercato.

chi
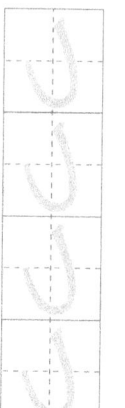
Pronunciato come il
'ci' in vicino.

na

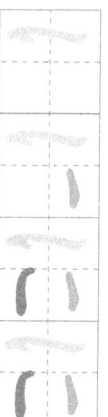
Pronunciato come il
'na' in sonata.

se
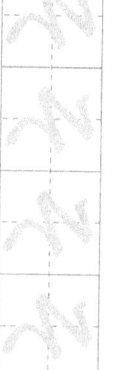
Pronunciato come il
'se' in segale.

tsu

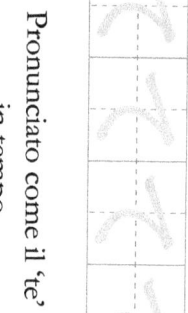
Pronunciato come il 'tsu' in
tsunami, con la 't' silenziosa.

ni

Pronunciato come il
'ni' in nicchia.

so
Pronunciato come la
'so' in dorso.

te
Pronunciato come il 'te'
in tempo.

nu
Pronunciato come il
'nu' in nuziale.

ta
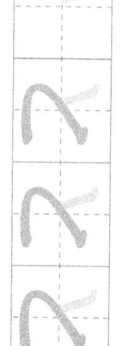
Pronunciato come il
'ta' in tardi.

to
Pronunciato come il
'to' in alto.

ne
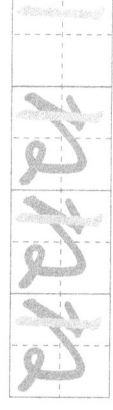
Pronunciato come il
'ne' in nestare.

no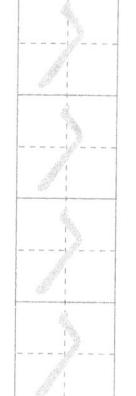

Pronunciato come il 'no' in notare.

ha

Pronunciato come la 'ha' mentre ridi, come ha-ha.

---

he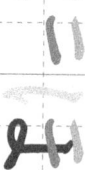

Pronunciato come il 'he' in Helsinki, con aspirazione.

ho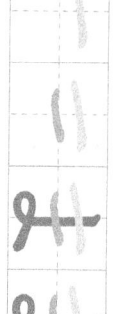

Pronunciato come il 'or' in ora, con un suono-h (aspirato).

hi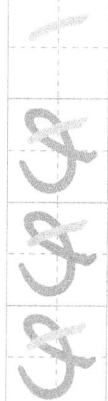

Pronunciato come il 'he' in He o She.

ma

Pronunciato come il 'ma' in macchina.

---

mu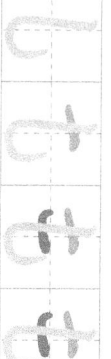

Pronunciato come il 'mu' in musica.

me

Pronunciato come 'meh' simile al 'me' in mentre.

mo

Pronunciato come il 'mo' in profumo.

fu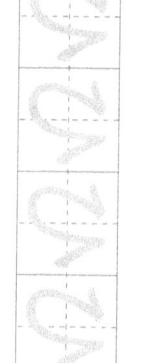

Pronunciato come il 'fu' in fuga.

mi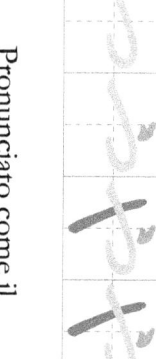

Pronunciato come il 'mi' in minuto.

ya

Pronunciato come il 'ya' in yahoo.

yu
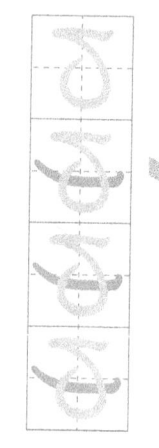

Pronunciato come la 'iu' in fiume.

yo
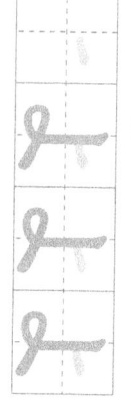

Pronunciato come il 'yo' in yo-yo.

ri

Pronunciato come il 'ri' in righe.

ra
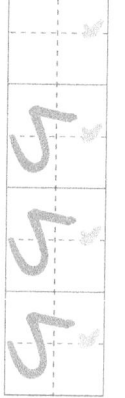

Pronunciato come il 'ra' in lettura.

re
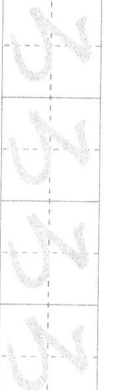

Pronunciato come 're' in rete.

wa

Pronunciato come il 'ua' in quaglia.

wo
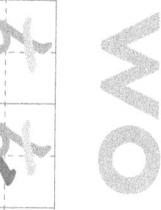
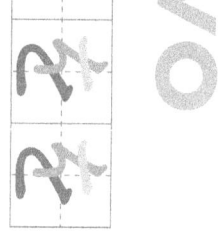

Pronunciato come il 'uo' in duomo.

ru
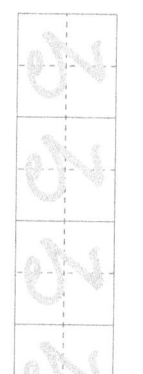

Pronunciato come il 'ru' in ruggito.

ro
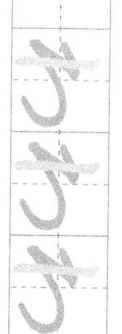

Pronunciato come il 'ro' in lavaro.

n *
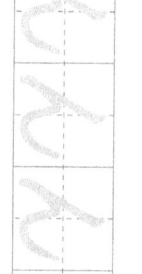

Pronunciato come il suono della lettera 'n' in nave.

ス	サ	ち
イ	ア	ヨ
ム	世	キ
エ	カ	ソ

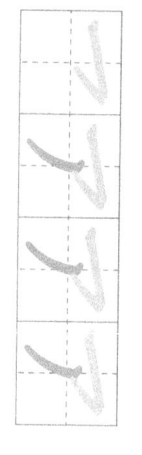

a

Pronunciata come la 'a' in aprirsi.

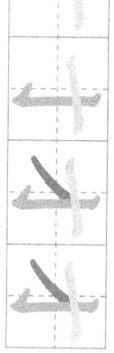

o

Pronunciato come la 'o' in occhio.

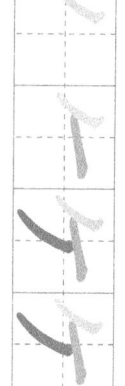

i

Pronunciato come la 'i' in piccolo.

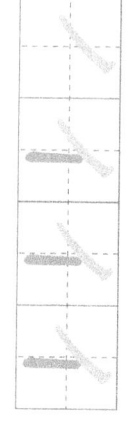

ka

Pronunciato come la 'ca' in cantare.

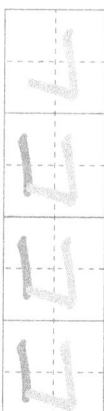

ke

Pronunciato come la 'che' in chela.

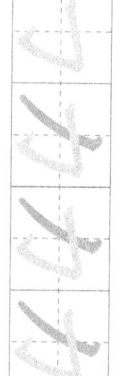

ko

Pronunciato come il 'co' in cometa.

u

Pronunciato come la 'u' in uno.

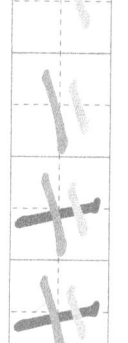

ki

Pronunciato come il 'chi' in chiamare.

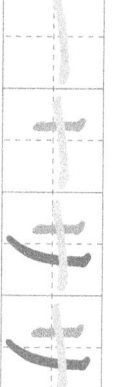

sa

Pronunciato come il 'sa' in sardine.

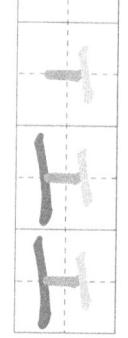

e

Pronunciato come il 'e' in evento.

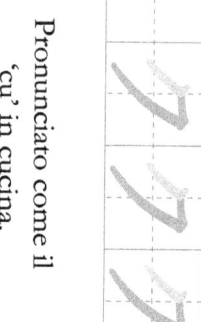

ku

Pronunciato come il 'cu' in cucina.

shi

Pronunciato come il 'sci' in sciro.

ス　　サ　　オ

女　　ツ　　リ

ハ　　作　　区

舟　　卜　　休

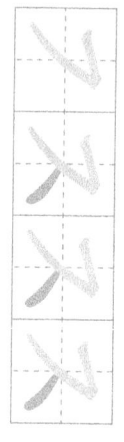

su

Pronunciato come il
'su' in supermercato.

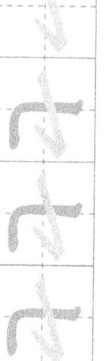

se

Pronunciato come il
'se' in segale.

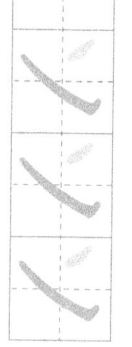

so

Pronunciato come la
'so' in dorso.

ta

Pronunciato come il
'ta' in tardi.

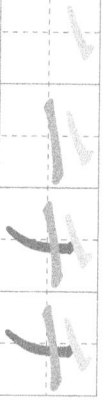

chi

Pronunciato come il
'ci' in vicino.

tsu

Pronunciato come il 'tsu' in
tsunami, con la 't' silenziosa.

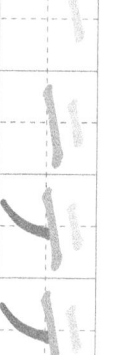

te

Pronunciato come il 'te'
in tempo.

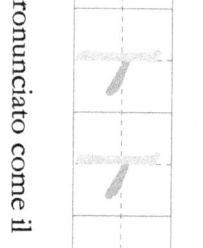

to

Pronunciato come il
'to' in alto.

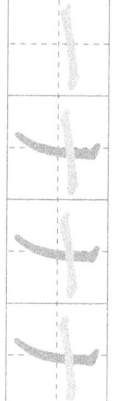

na

Pronunciato come il
'na' in sonata.

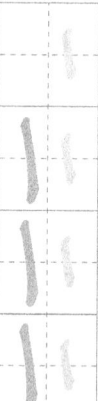

ni

Pronunciato come il
'ni' in nicchia.

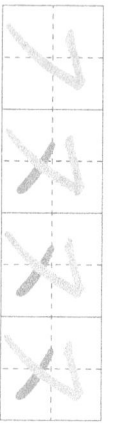

nu

Pronunciato come il
'nu' in nuziale.

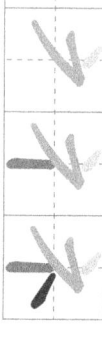

ne

Pronunciato come il
'ne' in nestare.

no

Pronunciato come il
'no' in notare.

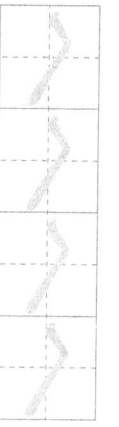

ha

Pronunciato come la 'ha'
mentre ridi, come ha-ha.

hi

Pronunciato come il
'he' in He o She.

fu

Pronunciato come il
'fu' in fuga.

he

Pronunciato come il 'he' in
Helsinki, con aspirazione.

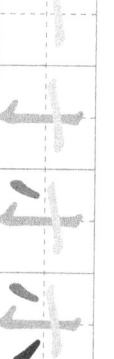

ho

Pronunciato come il 'or' in
ora, con un suono-h (aspirato).

ma

Pronunciato come il
'ma' in macchina.

mi

Pronunciato come il
'mi' in minuto.

mu

Pronunciato come il
'mu' in musica.

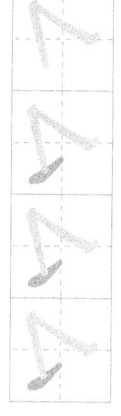

me

Pronunciato come 'meh'
simile al 'me' in mentre.

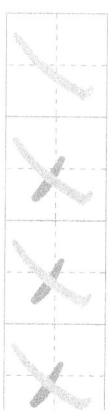

mo

Pronunciato come il
'mo' in profumo.

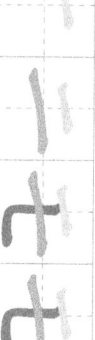

ya

Pronunciato come il
'ya' in yahoo.

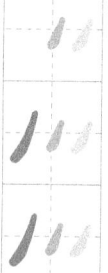

己　乃　羽

王　匕　丶

了　口

日　勹

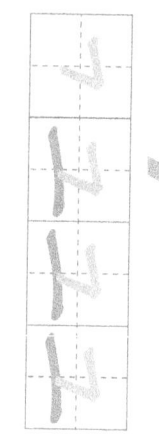

yu

Pronunciato come la
'iu' in fiume.

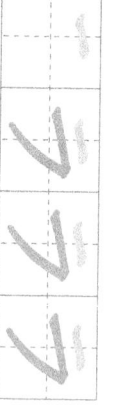

yo

Pronunciato come il
'yo' in yo-yo.

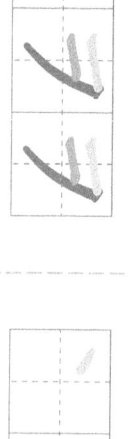

ri

Pronunciato come il
'ri' in righe.

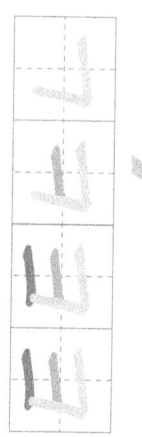

ra

Pronunciato come il 'ra'
in lettura.

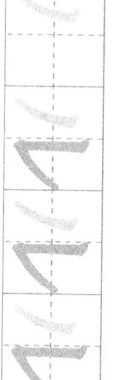

re

Pronunciato come 're'
in rete.

ru

Pronunciato come il
'ru' in ruggito.

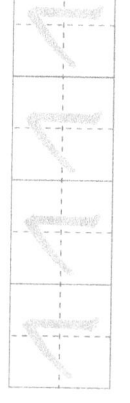

wo

Pronunciato come il
'uo' in duomo.

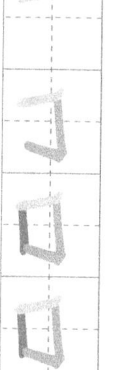

ro

Pronunciato come il 'ro'
in lavaro.

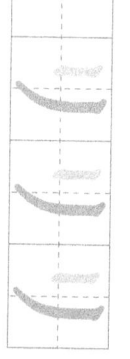

n *

Pronunciato come il suono
della lettera 'n' in nave.

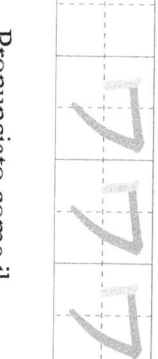

wa

Pronunciato come il
'ua' in quaglia.

日　丨　国

人　年　大

木　二　十

甲　我　中

SIGNIFICATO	RADICALE
Giorno, sole, Giappone, Contatore per Giorni	日
Uscita, Andare via, Uscire	凵

SIGNIFICATO	RADICALE
Uno	一
Persona	人
Libro regalo, Vero, contatore per cilindri lunghi	本

SIGNIFICATO	RADICALE
Paese	囗
Anno, Contatore per anni	年
Due, 2	二

SIGNIFICATO	RADICALE
Esteso, Grande	大
Dieci, 10	十
Lungo, Leader, Superiore, anziano	長

SIGNIFICATO	RADICALE
Dentro, all'interno, Nel mezzo, Mezzo, centro	丨

行	時	三
分	月	兒
生	前	後
上	間	五

SIGNIFICATO — RADICALE
Andare, viaggiare, 行, Portare a termine, allineare, riga

SIGNIFICATO — RADICALE
Parte, Minuto di tempo, Comprendere 刀

SIGNIFICATO — RADICALE
Vita, Genuino, Nascita 生

SIGNIFICATO — RADICALE
Tempo, Ora 日

SIGNIFICATO — RADICALE
Mese, Luna 月

SIGNIFICATO — RADICALE
Davanti, Prima 刀

SIGNIFICATO — RADICALE
Sopra, su 一

SIGNIFICATO — RADICALE
Tre, 3 一

SIGNIFICATO — RADICALE
Vedere, speranze, Opportunità, idea, Opionione, dare un'occhiata 見

SIGNIFICATO — RADICALE
Dietro, Posteriore, più tardi 彳

SIGNIFICATO — RADICALE
Intervallo, Spazio 門

SIGNIFICATO — RADICALE
Cinque, 5 二

SIGNIFICATO

Ora,
Il presente

今 RADICALE

SIGNIFICATO

Entrare,
Inserire

入 RADICALE

SIGNIFICATO

Cerchio, yen RADICALE
(unità
monetaria
giapponese)
Rotondo

円

SIGNIFICATO

Otto, 8 八 RADICALE

SIGNIFICATO RADICALE

Quattro, 4 四

SIGNIFICATO

Nove, 9 九 RADICALE

SIGNIFICATO

Alto,
In alto,
costoso

高 RADICALE

SIGNIFICATO RADICALE

Fuori 外

---

est 木 RADICALE

SIGNIFICATO

Oro 金 RADICALE

SIGNIFICATO

Studio,
Apprendimento,
Scienza

学 RADICALE

SIGNIFICATO

Figlio 子 RADICALE

SIGNIFICATO RADICALE

来	下	大
七	小	長
女	語	日
百	午	北

SIGNIFICATO

Venire, Scadenza, prossimo, Causa, diventare

RADICALE 来

SIGNIFICATO

Sette, 7

RADICALE 七

SIGNIFICATO

Donna, Femmina

RADICALE 女

SIGNIFICATO

Cento

RADICALE 百

SIGNIFICATO

Sotto, Giù, scendere, Dare, abbassare, Inferiore

RADICALE 口

SIGNIFICATO

Piccolo, minuto

RADICALE 小

SIGNIFICATO

Racconto, alto

RADICALE 言

SIGNIFICATO

Mezzogiorno, Segno del cavallo

RADICALE 十

SIGNIFICATO

Sei, 6

RADICALE 六

SIGNIFICATO

Spirito, mente, Aria, atmosfera, Umore

RADICALE 气

SIGNIFICATO

Montagna

RADICALE 山

SIGNIFICATO

Nord

RADICALE 匕

名　先　書

水　千　川

西　男　羊

語　校　電

SIGNIFICATO

Nome,
Notato,
Distinto,
Reputazione

RADICALE 口

SIGNIFICATO

Prima, Avanti,
precedente,
Futuro,
Precedenza

RADICALE ノL

SIGNIFICATO

scrivere

RADICALE 曰

SIGNIFICATO

Acqua

RADICALE 氺

SIGNIFICATO

Mille

RADICALE 十

SIGNIFICATO

Fiume,
Flusso

RADICALE 巛

SIGNIFICATO

Ovest

RADICALE 西

SIGNIFICATO

Maschio,
uomo

RADICALE 田

SIGNIFICATO

Metà, nel mezzo,
Numero dispari,
semi-

RADICALE 十

SIGNIFICATO

Parola,
Discorso,
Lingua

RADICALE 言

SIGNIFICATO

scuola

RADICALE 木

SIGNIFICATO

Elettricità,
Elettrico
Alimentato

RADICALE 雨

圆	长	土
何	冊	金
俑	万	垂
由	天	田

SIGNIFICATO

Suolo,
Terra,
Terreno

RADICALE 土

SIGNIFICATO

Cosa

RADICALE 入

SIGNIFICATO

Ogni

RADICALE 毋

SIGNIFICATO

Madre

RADICALE 毋

SIGNIFICATO

Albero,
Legno

RADICALE 木

SIGNIFICATO

Auto,
Ruota

RADICALE 車

SIGNIFICATO

Dieci
Mille
10,000

RADICALE 一

SIGNIFICATO

Cieli,
Cielo, imperiale

RADICALE 大

SIGNIFICATO

Sentire,
Ascoltare,
chiedere

RADICALE 耳

SIGNIFICATO

Mangiare,
cibo

RADICALE 食

SIGNIFICATO

Sud

RADICALE 十

SIGNIFICATO

Bianco

RADICALE 白

說	右	水
休	左	友
	雨	父

SIGNIFICATO	RADICALE
Leggere	言

SIGNIFICATO	RADICALE
Riposo, giorno Libero, pensione, Dormire	人

SIGNIFICATO	RADICALE
destra	口

SIGNIFICATO	RADICALE
Sinistra	工

SIGNIFICATO	RADICALE
Pioggia	雨

SIGNIFICATO	RADICALE
Fuoco	火

SIGNIFICATO	RADICALE
Amico	又

SIGNIFICATO	RADICALE
padre	父

ありがとう
arigatou
Ringraziamenti

Grazie per aver scelto il nostro libro!

Ora sei sulla buona strada per imparare a leggere, scrivere e parlare Giapponese, e speriamo che il nostro libro di esercizi Kanji ti sia piaciuto.

Se ti sei divertito a imparare con noi, ci piacerebbe molto sapere dei tuoi progressi in una recensione!

Siamo sempre desiderosi di scoprire se c'è qualcosa che possiamo fare per migliorare i nostri libri, per i prossimi studenti. Ci impegniamo a rendere disponibili i migliori contenuti per l'apprendimento delle lingue, quindi ti preghiamo di contattarci via email se hai riscontrato qualche problema con un qualsiasi contenuto del libro:

hello@polyscholar.com

Vuoi altre pagine per fare pratica? Scansiona il codice QR o visita https://amzn.to/3LO60sc per comprare un taccuino

POLYSCHOLAR

www.polyscholar.com